# 長沙走馬樓三國吳簡

## 竹簡〔柒〕

中

長沙簡牘博物館
中國文化遺産研究院
北京大學歷史學系
故宮研究院古文獻研究所
走馬樓簡牘整理組 編著

文物出版社

# 圖版

（三一一三——六一五三）

三二一三
三二一四
三二一五
三二一六
三二一七
三二一八
三二一九
三二二〇

三一二二一

三一二二二

三一二二三

三一二二三（二）

三一二二四

三一二二五

三一二二六

三一二二七

三一二八

三一二九

三一三〇

三一三一

三一三二

三一三三

三一三四

三一三五

三一三六
三一三七
三一三八
三一三九
三一四〇
三一四一
三一四二
三一四三

三一四四

三一四五

三一四六

三一四七

三一四八

三一四九

三一五〇

三一五一

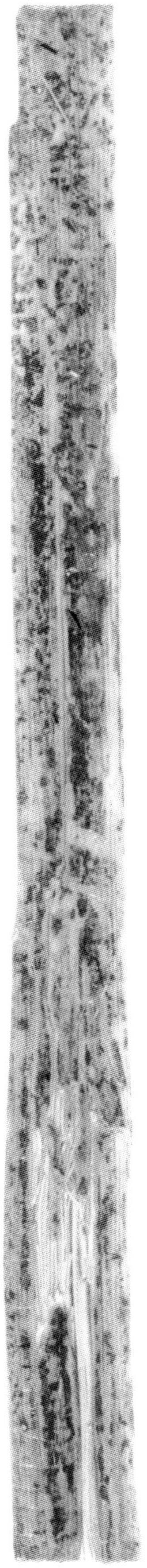
三一五二

三一五三

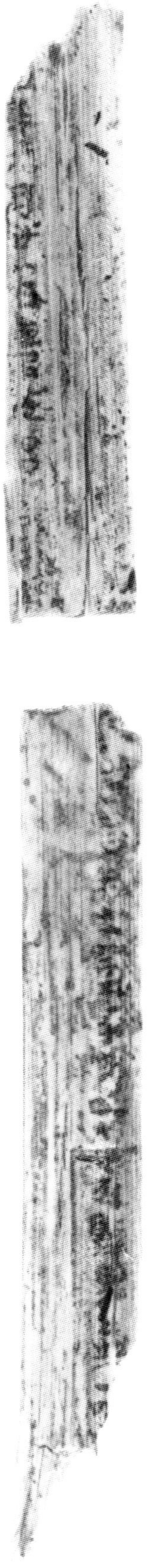
三一五四甲　三一五四乙

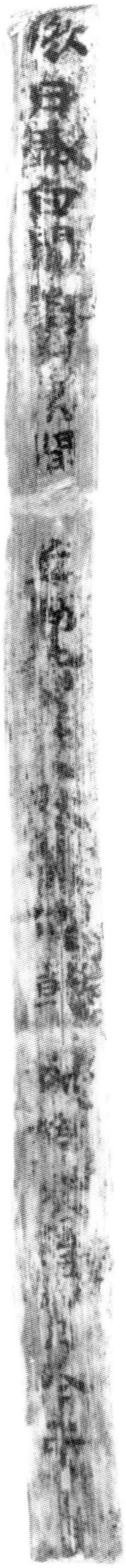
三一五五

三一五六

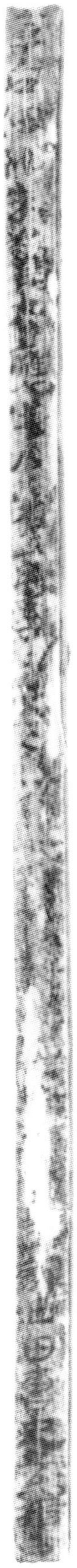
三一五七

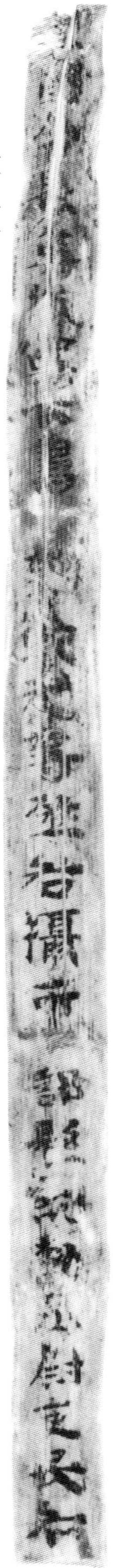
三一五八

三一五九

三一六〇

三一六一

三一六二

三一六三

三一六四

三一六五

三一六六

三一六七

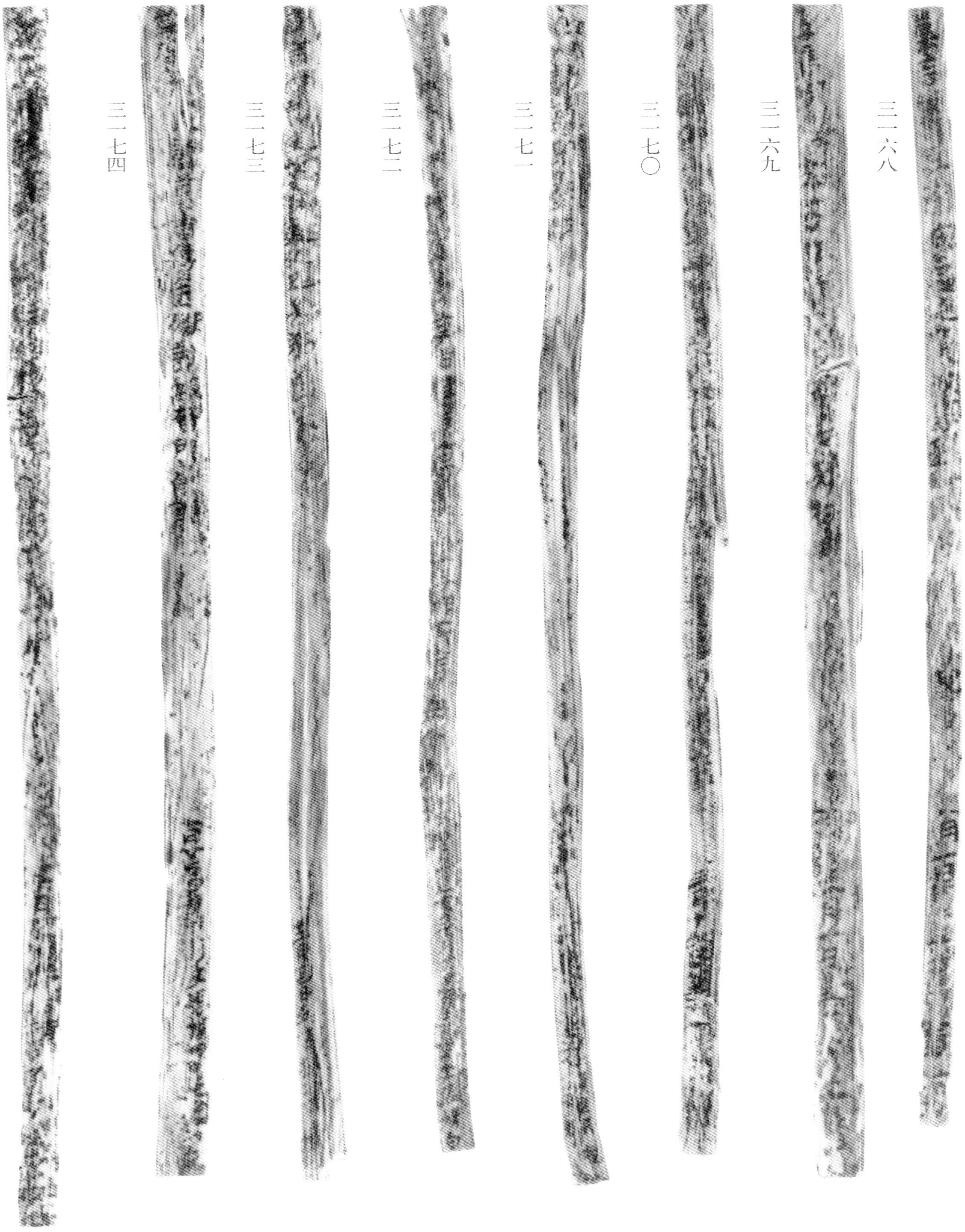

三一六八

三一六九

三一七〇

三一七一

三一七二

三一七三

三一七四

三一七五

三一七六
三一七七
三一七八
三一七九
三一八〇
三一八一
三一八二
三一八三

三一八四
三一八五
三一八六
三一八七
三一八八
三一八九
三一九〇
三一九一

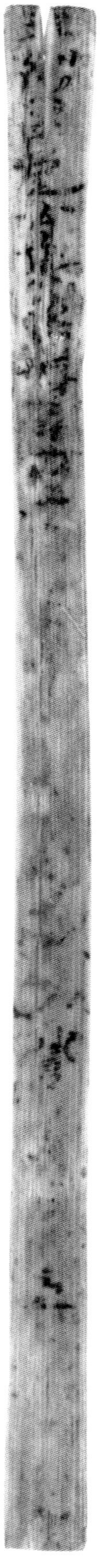
三一九二

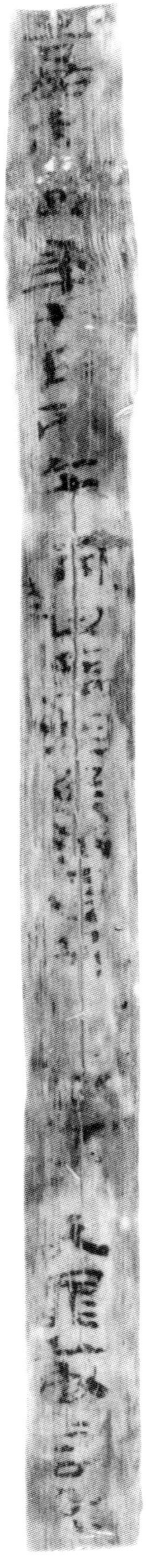
三一九三

三一九四

三一九五

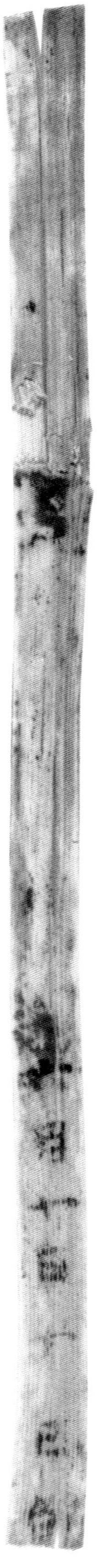
三一九六

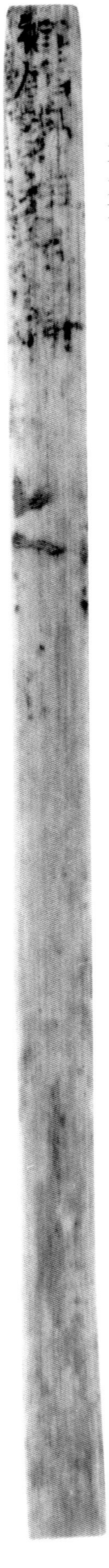
三一九七

三一九七（一）

三一九八

三一九九

三二〇〇

三二〇一

三二〇二

三二〇三

三二〇四

三二〇五

三二〇六 三二〇七 三二〇八 三二〇九 三二一〇 三二一一 三二一二 三二一三

三三一四

三三一五

三三一六

三三一七

三三一八

三三一九

三三二〇

三三二一

三二二二

三二二三

三二二四

三二二五

三二二六

三二二七

三二二八

三二二九

三二三〇
三二三一
三二三二
三二三三
三二三四
三二三五
三二三六
三二三七

三二三八

三二三九

三二四〇

三二四一

三二四二

三二四三

三二四四

三二四五

三二四六

三二四七

三二四八

三二四九

三二五〇

三二五一

三二五二

三二五三

三二五四
三二五五
三二五六
三二五七
三二五八
三二五九
三二六〇
三二六一

三二六二
三二六三
三二六四
三二六五
三二六六
三二六七
三二六八
三二六九

三二七〇
三二七一
三二七二
三二七三
三二七四
三二七五
三二七六
三二七七

三二七八

三二七九

三二八〇

三二八一

三二八二

三二八三

三二八四

三二八五

三二八六

三二八七

三二八八

三二八九

三二九〇

三二九一

三二九二

三二九三

三二九四

三二九五

三二九六

三二九七

三二九八

三二九九

三三〇〇

三三〇一

三三〇二
三三〇三
三三〇四
三三〇五
三三〇六
三三〇七
三三〇八
三三〇九

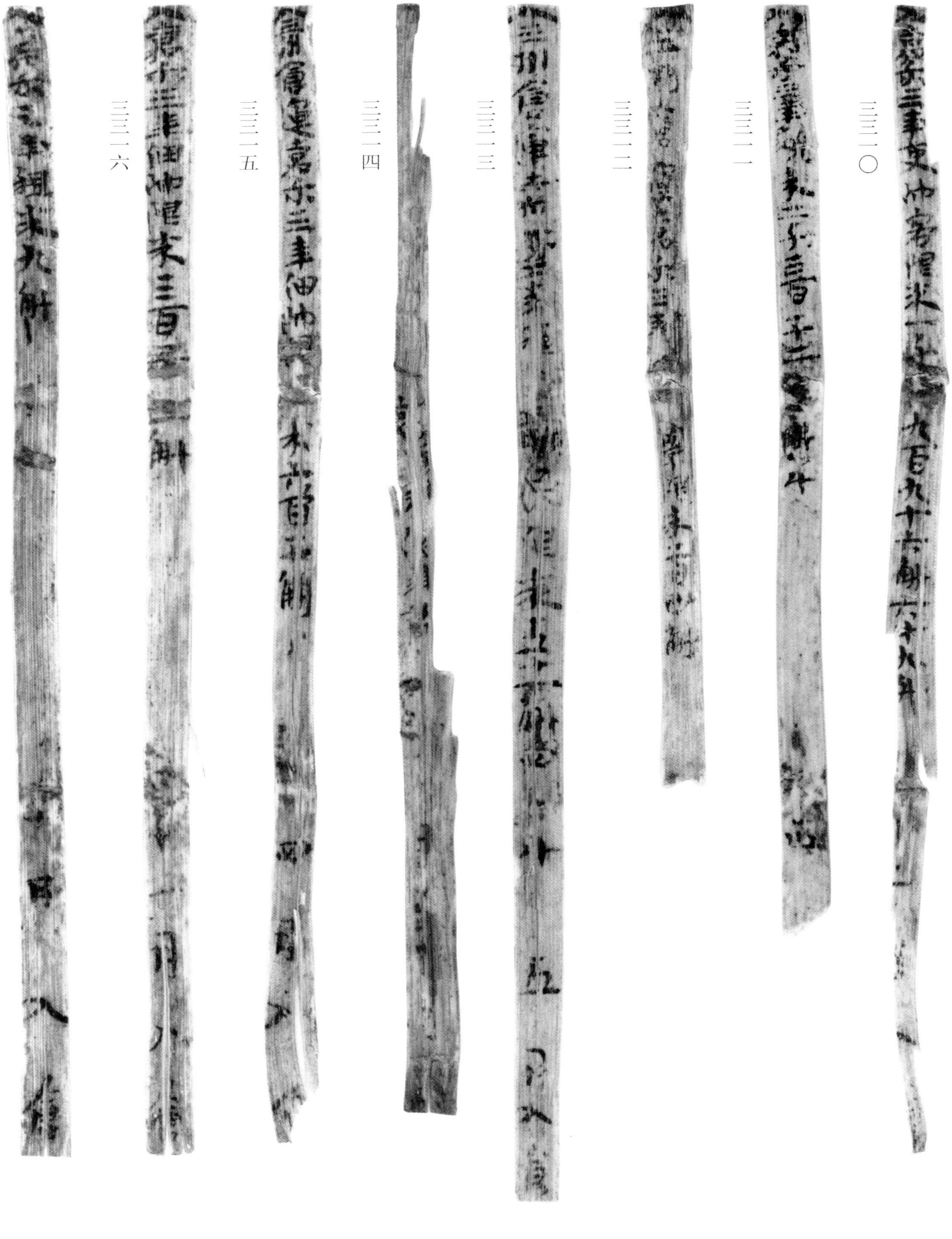

三三一〇

三三一一

三三一二

三三一三

三三一四

三三一五

三三一六

三三一七

三三一八
三三一九
三三二〇
三三二一
三三二二
三三二三
三三二四
三三二五

三三二六
三三二七
三三二八
三三二九
三三三〇
三三三一
三三三二
三三三三

三三三四　三三三五　三三三六　三三三七

三三三八　三三三九　三三四〇　三三四一

三三四二　三三四三　三三四四　三三四五

三三四六　三三四七　三三四八

三三四九　三三五〇　三三五一

三三五二　三三五三　三三五四

三三五五

三三五六

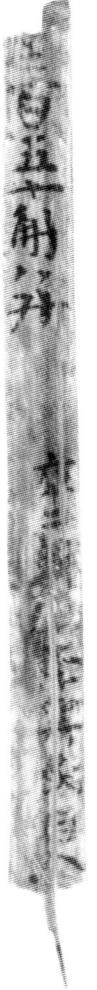

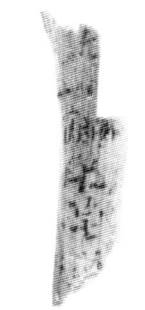

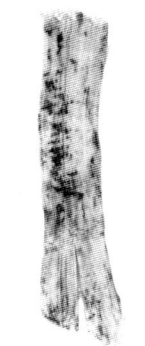

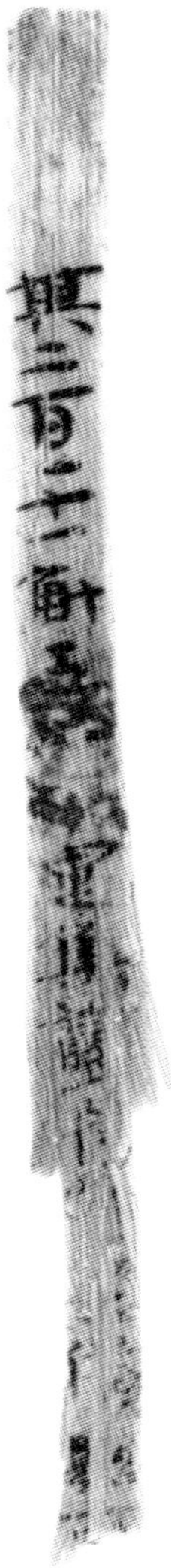
三三五七

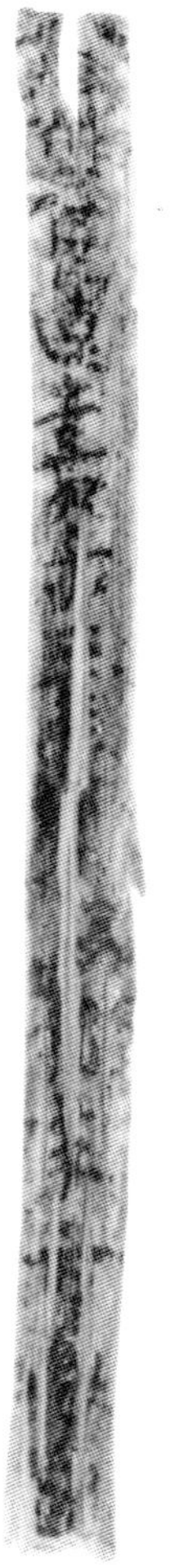
三三五八

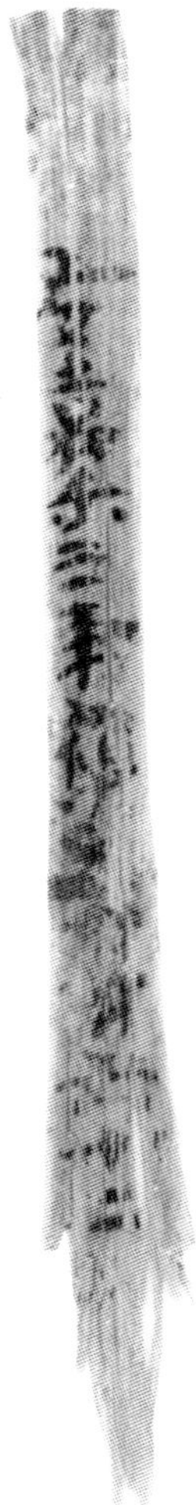
三三五九

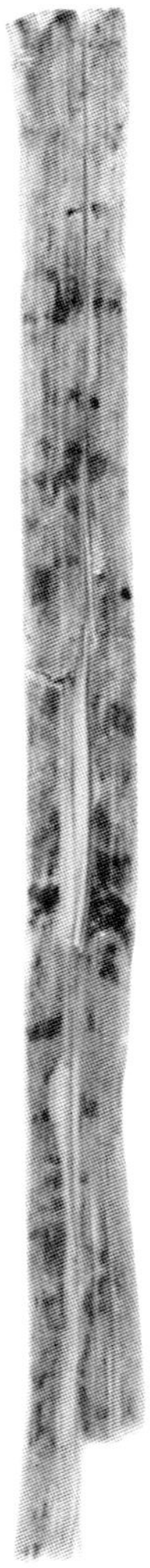
三三六〇

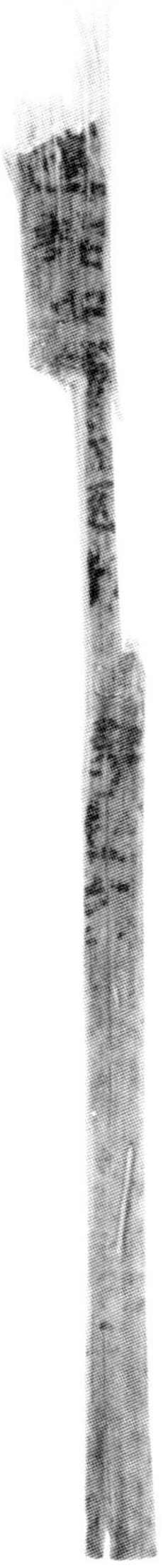
三三六一

三三六二

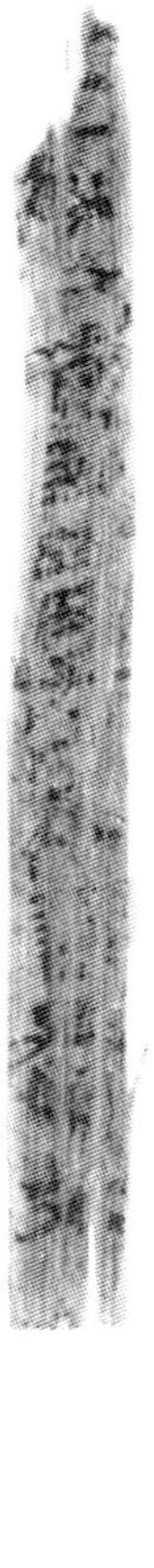
三三六三

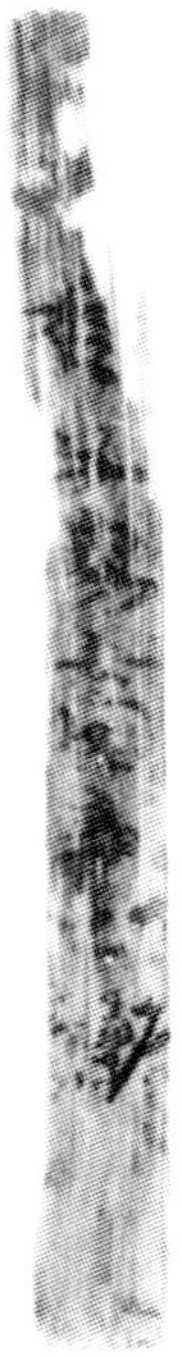
三三六四

三三六五

三三六六

三三六七

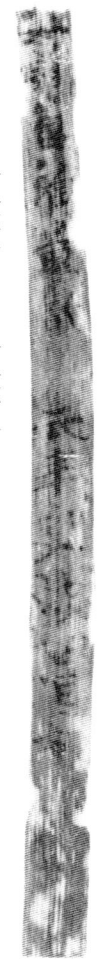

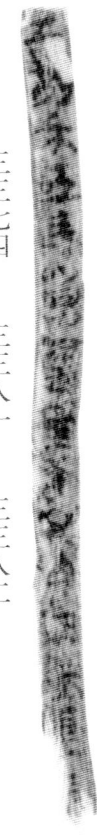

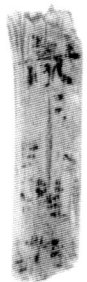

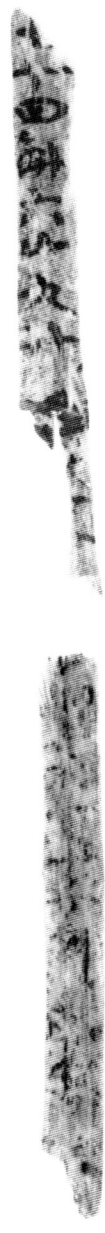

三三六八　三三六九

三三七〇　三三七七

三三七一　三三七八

三三七二　三三七九

三三七三　三三八〇

三三七四　三三八一　三三八二

三三七五　三三八三

三三七六　三三八四　三三八五

三三八六　三三八七　三三八八

三三八九　三三九〇　三三九一　三三九二

三三九三　三三九四　三三九五　三三九六

三三九七　三三九八

三三九九　三四〇〇

三四〇一　三四〇二　三四〇三

三四〇四　三四〇五　三四〇六

三四〇七　三四〇八　三四〇九

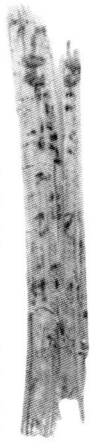

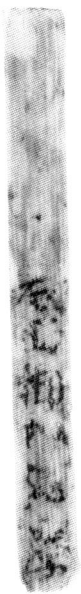

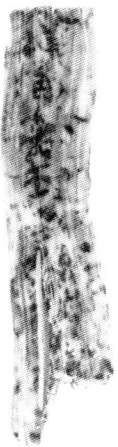

三四一〇
三四一一
三四一二
三四一三
三四一四
三四一五
三四一六
三四一七
三四一八

三四一九　三四二三

三四二〇　三四二四

三四二一　三四二五

三四二二　三四二六

三四二七　三四二八　三四二九

三四三〇　三四三一

三四三二

三四三三

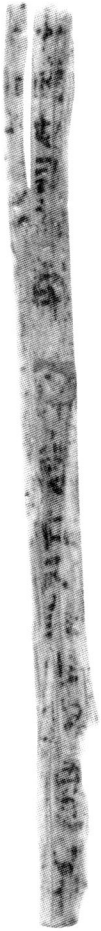

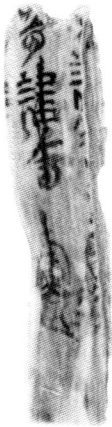

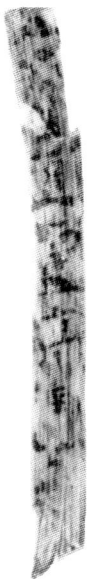

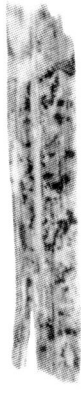

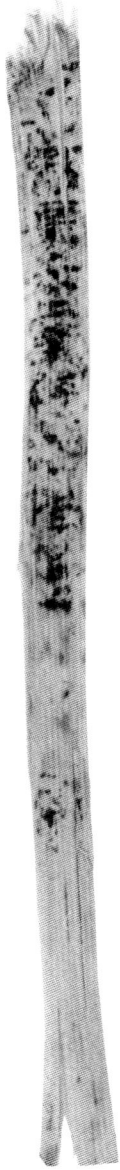

三四三四　三四三七　三四三八

三四三五　三四三九　三四四〇

三四三六　三四四一

三四四二　三四四三

三四四四　三四四五

三四四六　三四四八

三四四七

三四四九

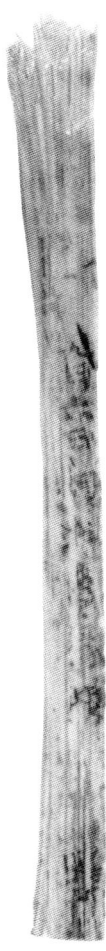

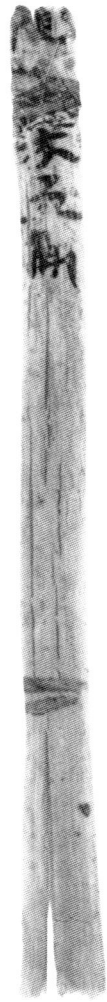

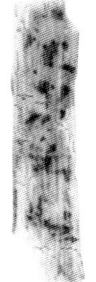

三四五〇　三四五一　三四五二

三四五三　三四五四　三四五五　三四五六

三四五七　三四五八

三四五九　三四六四

三四六〇　三四六五

三四六一　三四六六

三四六二　三四六七

三四六三　三四六八

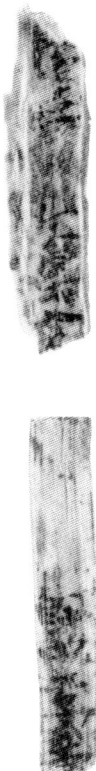

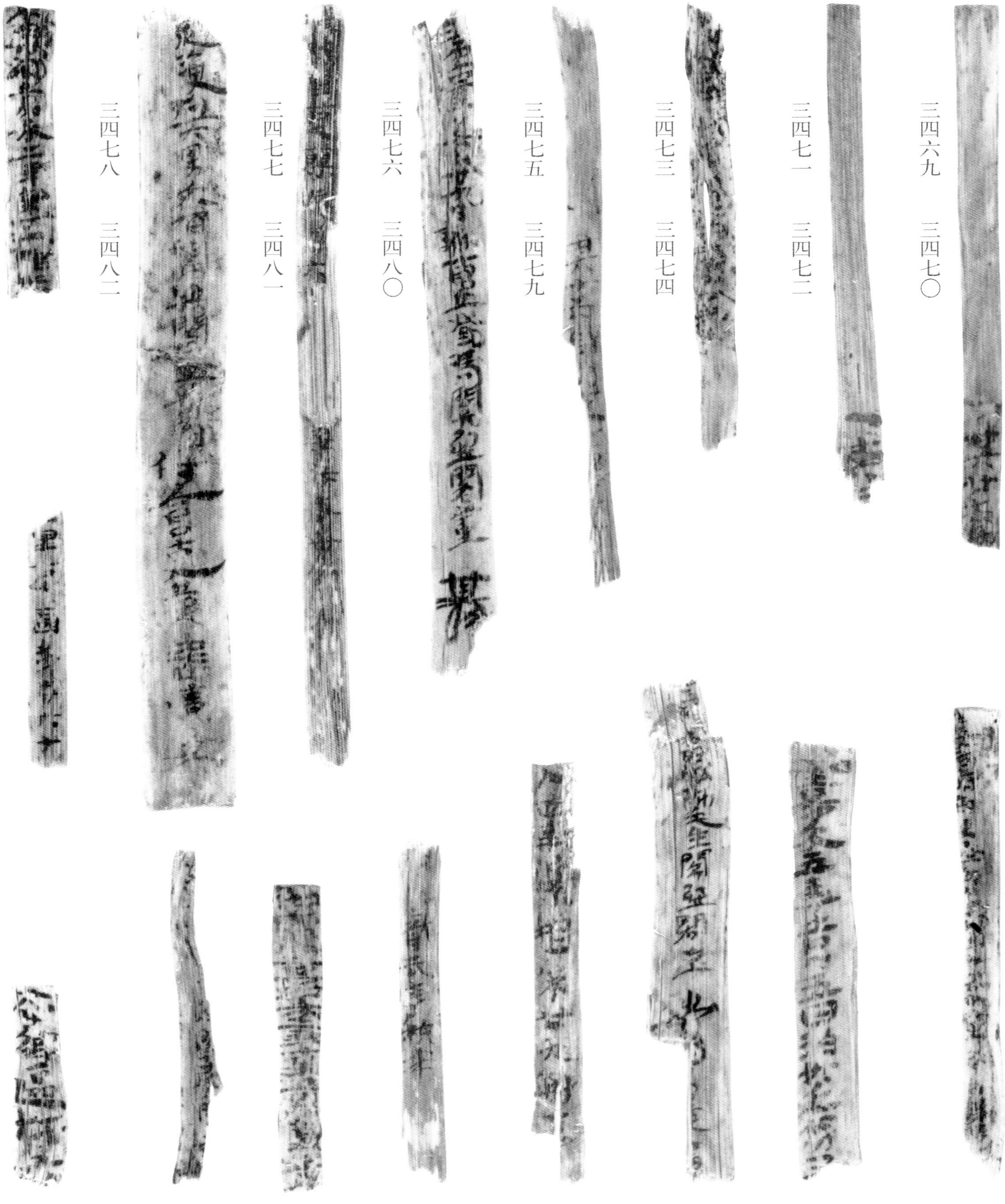

三四六九　三四七〇

三四七一　三四七二

三四七三　三四七四

三四七五　三四七九

三四七六　三四八〇

三四七七　三四八一

三四七八　三四八二

三四八三　三四八四　三四八五

三四八六　三四八七

三四八八　三四八九

三四九〇　三四九一　三四九二

三四九三　三四九四　三四九五

三四九六　三四九七　三四九八

三四九九　三五〇〇

三五〇一　三五〇二

三五〇三

三五〇四

三五〇五

三五〇六

三五〇七　三五〇八

三五〇九　三五一〇　三五一一

三五一二　三五一三　三五一四

三五一五　五五一六

三五一七　三五一八　三五一九

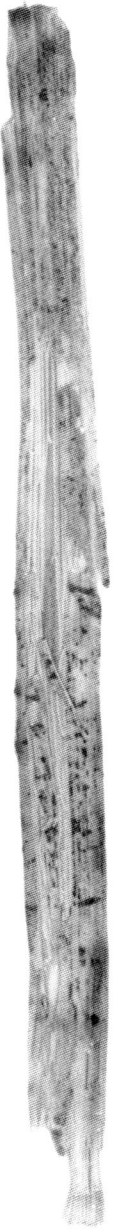

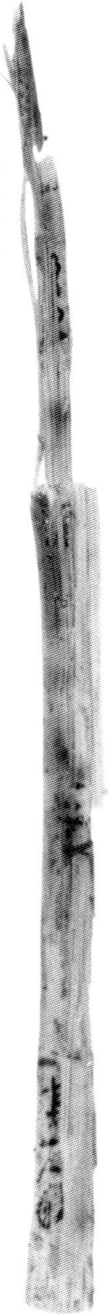

三五二〇　三五二一
三五二二　三五二三
三五二四　三五二五
三五二六　三五二七
三五二八
三五二九
三五三〇
三五三一

三五三二

三五三三

三五三四

三五三五

三五三六

三五三七

三五三八

三五三九

三五四〇

三五四一

三五四二

三五四三

三五四四

三五四五

三五四六

三五四七

三五四八

三五四九

三五五〇

三五五一

三五五二

三五五三

三五五四

三五五五

三五五六

三五五七

三五五八

三五五九

三五六〇

三五六一

三五六二

三五六三

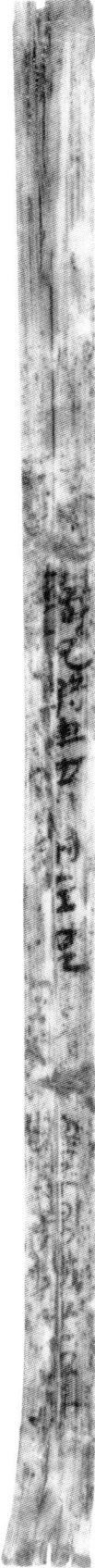

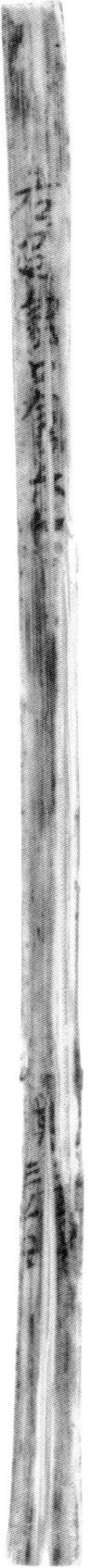

三五六四

三五六五

三五六六

三五六七

三五六八

三五六九

三五七〇

三五七一

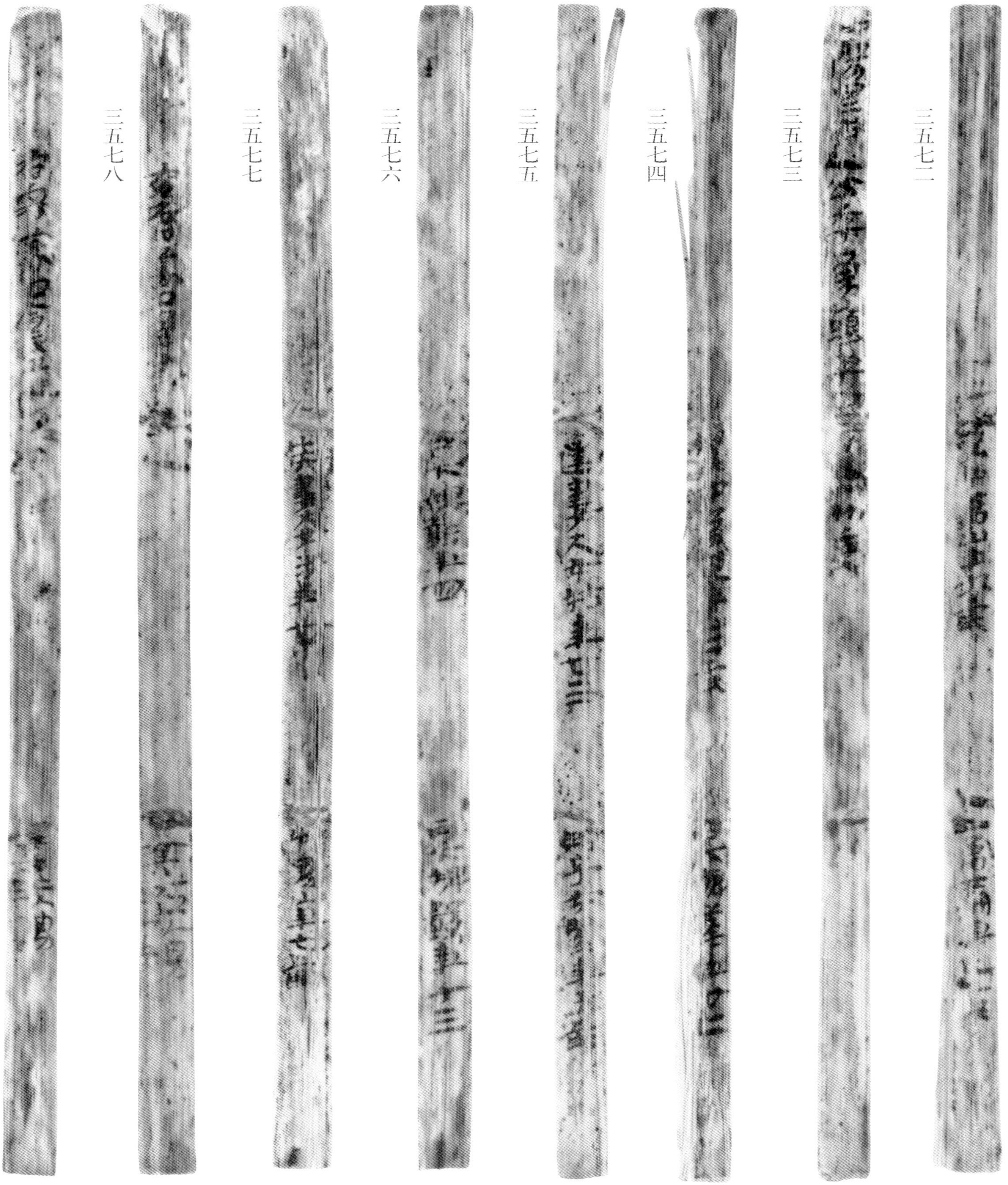

三五七二

三五七三

三五七四

三五七五

三五七六

三五七七

三五七八

三五七九

三五八〇

三五八一

三五八二

三五八三

三五八四

三五八五

三五八六

三五八七

三五八八
三五八九
三五九〇
三五九一
三五九二
三五九三
三五九四
三五九五

三五九六

三五九七

三五九八

三五九九

三六〇〇

三六〇一

三六〇二

三六〇三

三六〇四

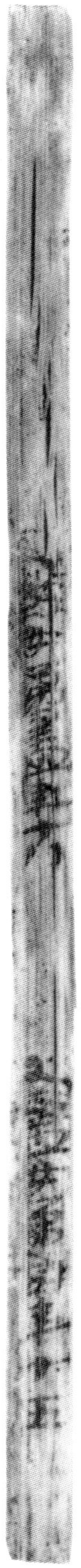
三六〇五

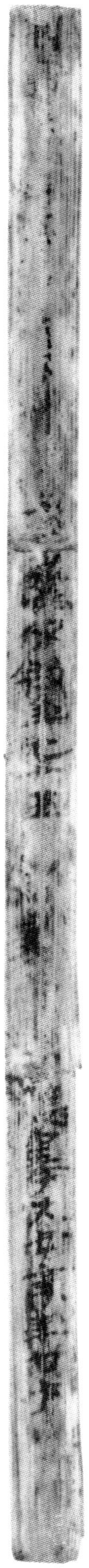
三六〇六

三六〇七

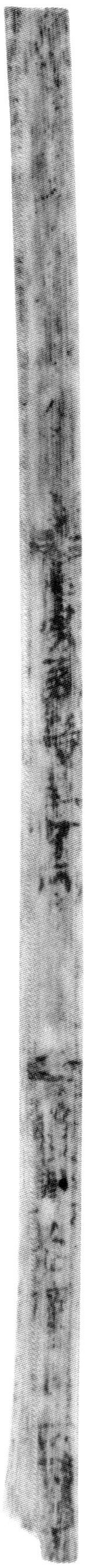
三六〇八

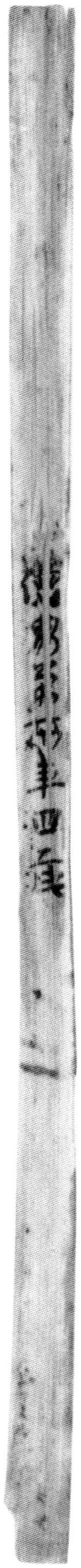
三六〇九

三六一〇

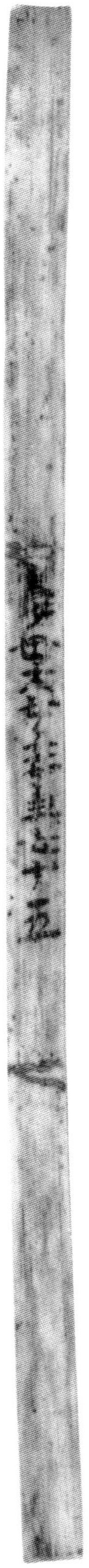
三六一一

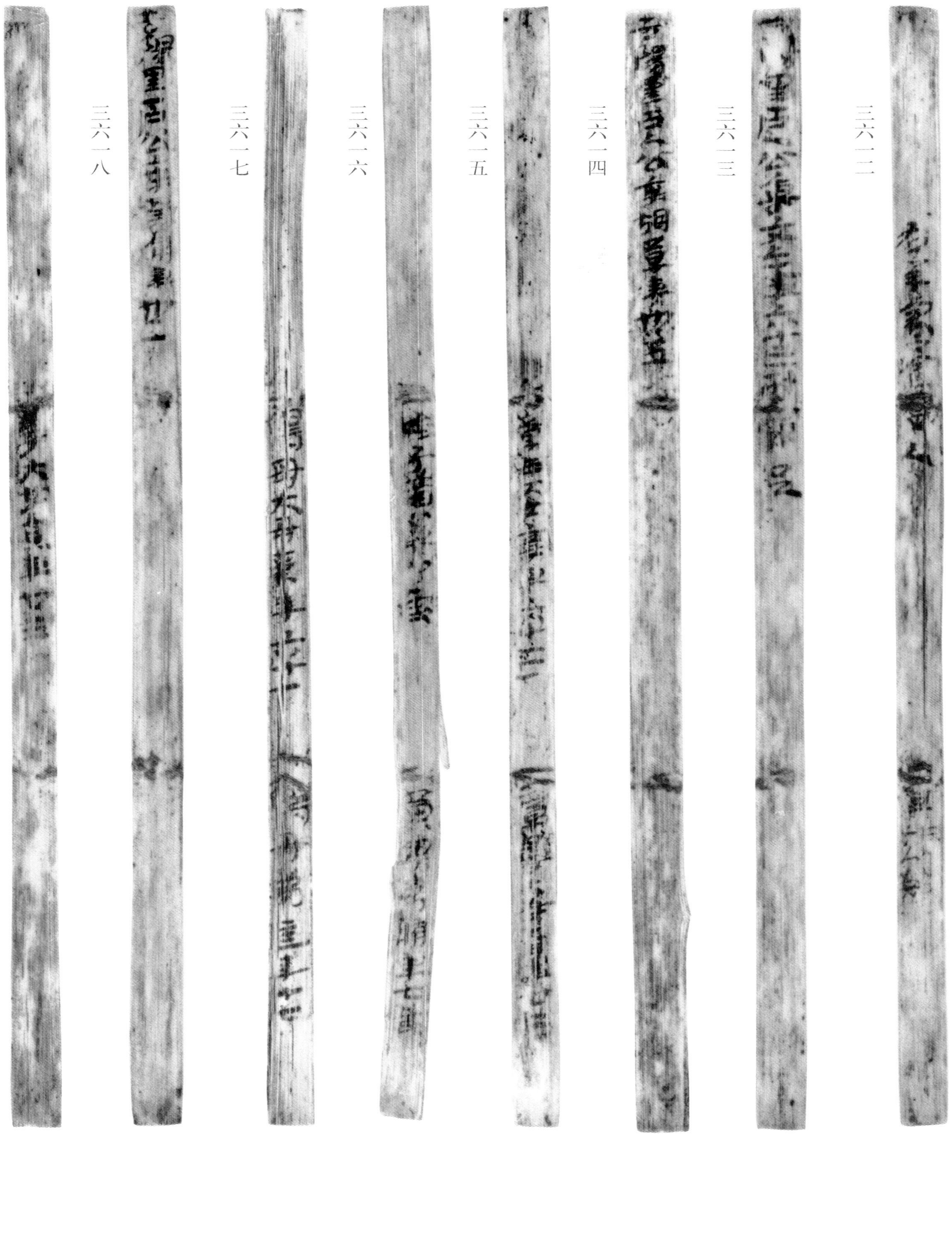

三六一二

三六一三

三六一四

三六一五

三六一六

三六一七

三六一八

三六一九

三六二〇

三六二一

三六二二

三六二三

三六二四

三六二五

三六二六

三六二七

三六二八

三六二九

三六三〇

三六三一

三六三二

三六三三

三六三四

三六三五

三六三六

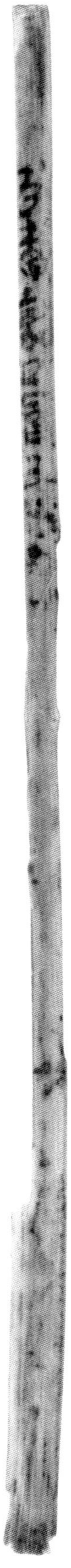

三六三七

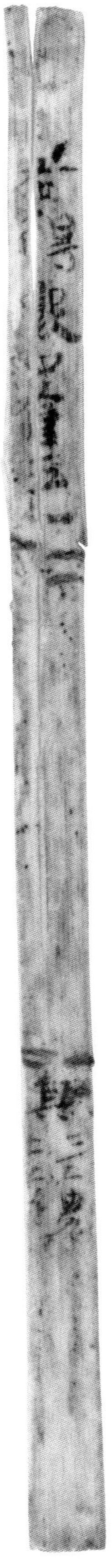

三六三八

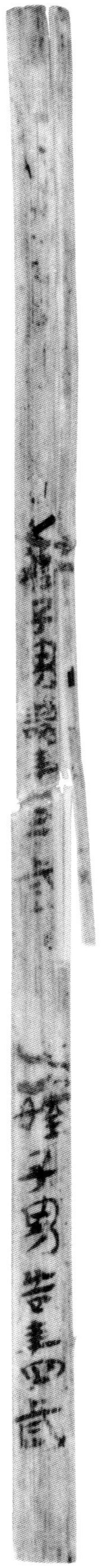

三六三九

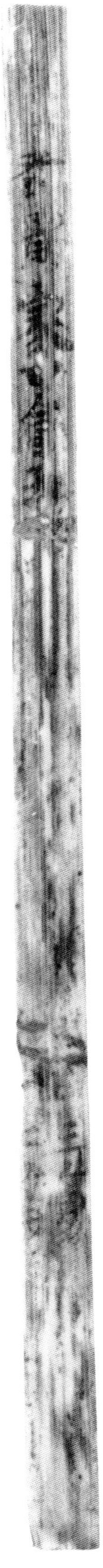

三六四〇

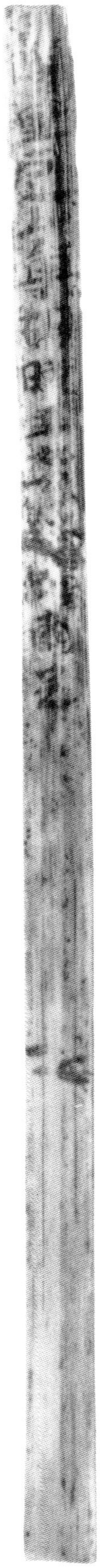

三六四一

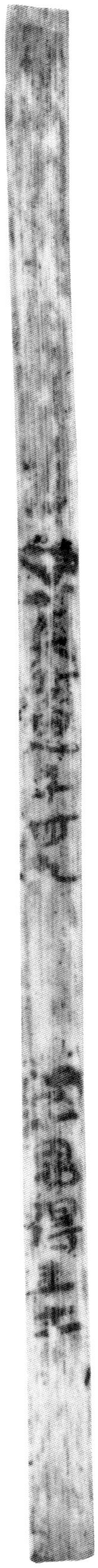

三六四二

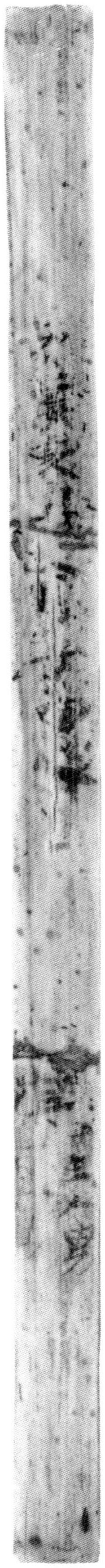

三六四三

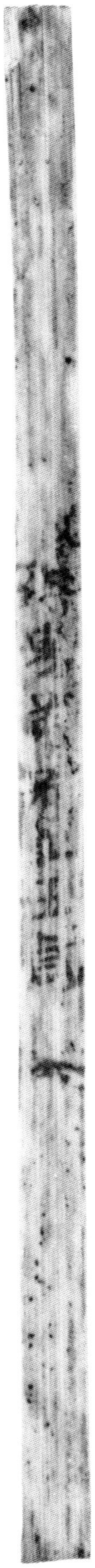

三六四四

三六四五

三六四六

三六四七

三六四八

三六四九

三六五〇

三六五一

三六五二

三六五三

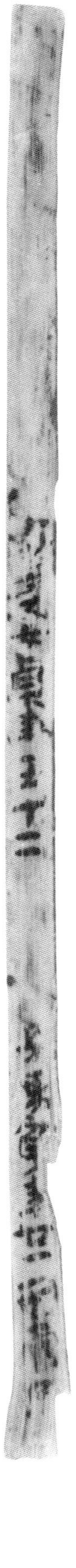

三六五四

三六五五

三六五六

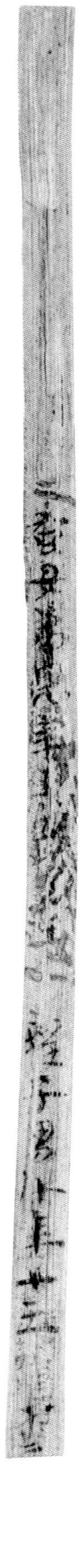

三六五七

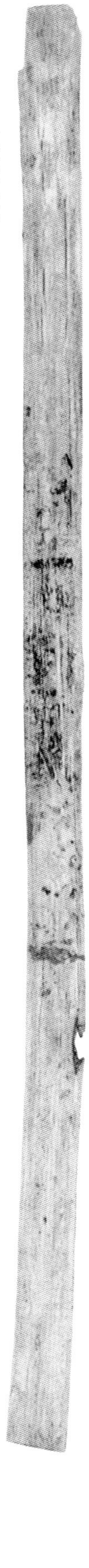

三六五八

三六五九

三六六〇
三六六一
三六六二
三六六三
三六六四
三六六五
三六六六
三六六七

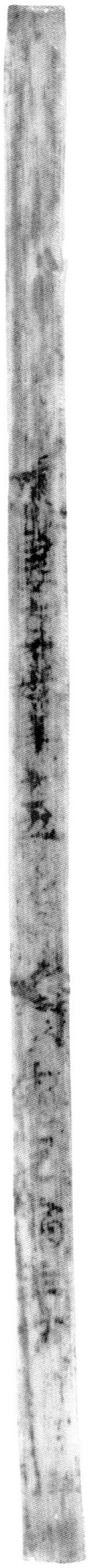
三六六八

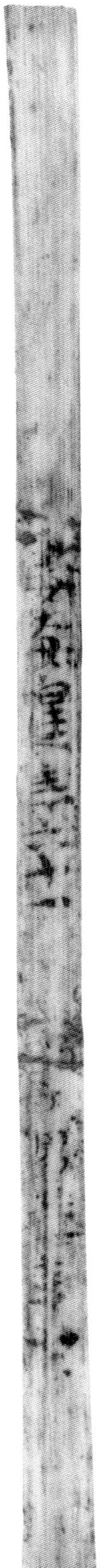
三六六九

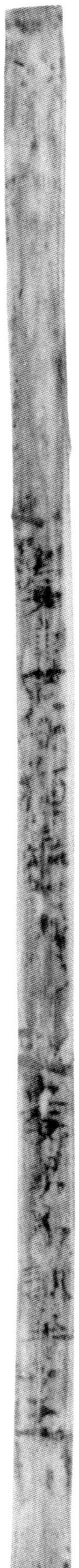
三六七〇

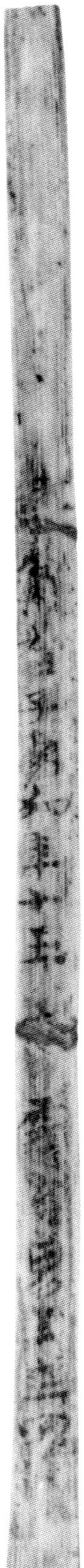
三六七一

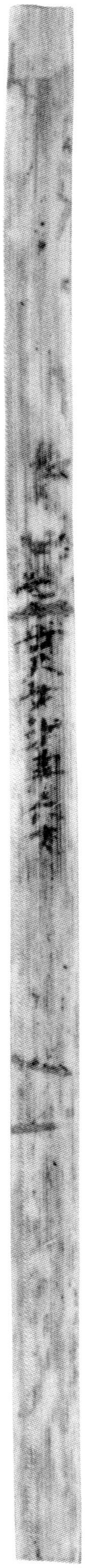
三六七二

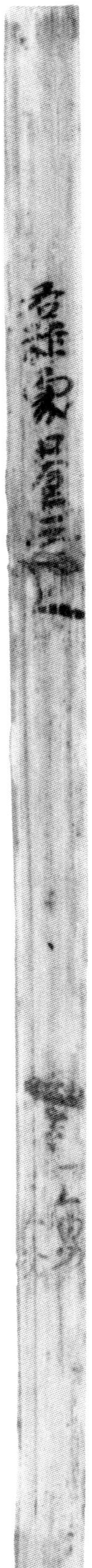
三六七三

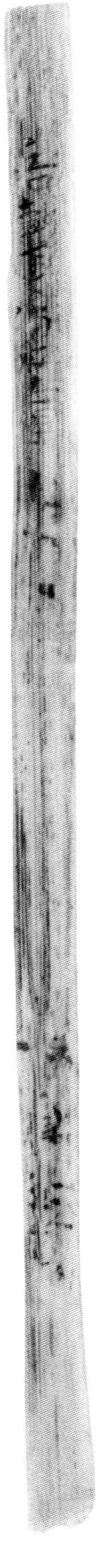
三六七四

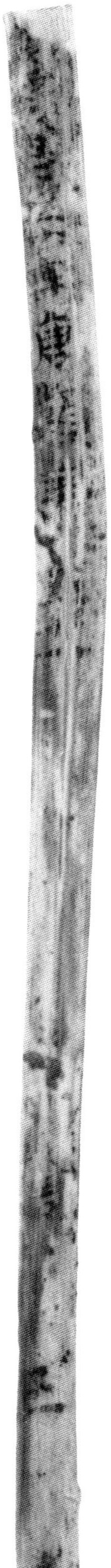
三六七五

三六七六 三六七七 三六七八 三六七九 三六八〇 三六八一 三六八二 三六八三

三六八四

三六八五

三六八六

三六八七

三六八八

三六八九

三六九〇

三六九一

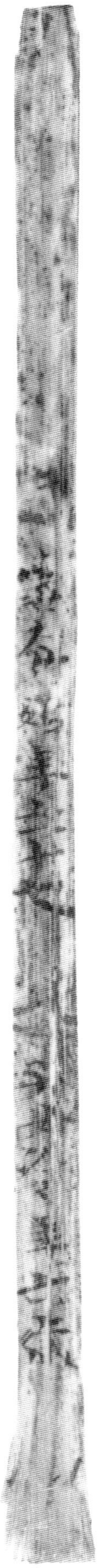
三六九二

三六九三

三六九四

三六九五

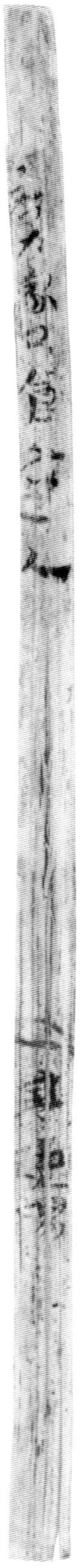
三六九六

三六九七

三六九八

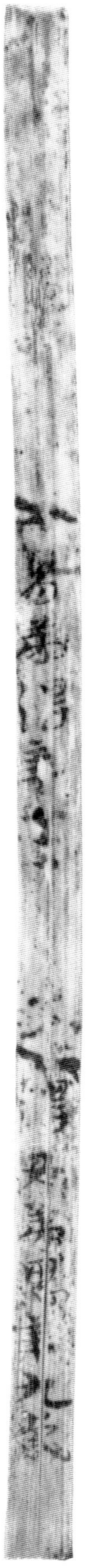
三六九九

三七〇〇

三七〇一

三七〇二

三七〇三

三七〇四

三七〇五

三七〇六

三七〇七

三七〇八　三七〇九　三七一〇　三七一一　三七一二　三七一三　三七一四　三七一五

三七一六
三七一七
三七一八
三七一九
三七二〇
三七二一
三七二二
三七二三

三七二四 三七二五 三七二六 三七二七 三七二八 三七二九 三七三〇 三七三一

三七三二

三七三三

三七三四

三七三五

三七三六

三七三七

三七三八

三七三九

三七四〇

三七四一

三七四二

三七四三

三七四四

三七四五

三七四六

三七四七

三七四八

三七四九

三七五〇

三七五一

三七五二

三七五三

三七五四

三七五五

三七五六

三七五七

三七五八

三七五九

三七六〇

三七六一

三七六二

三七六三

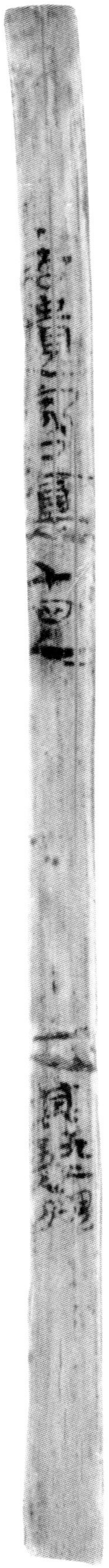
三七六四

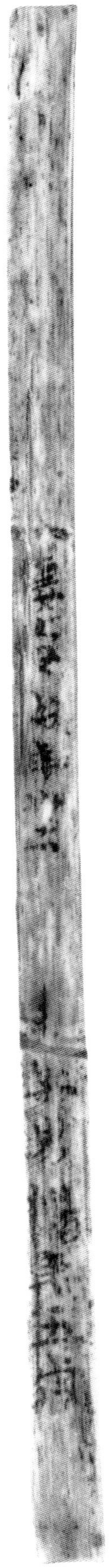
三七六五

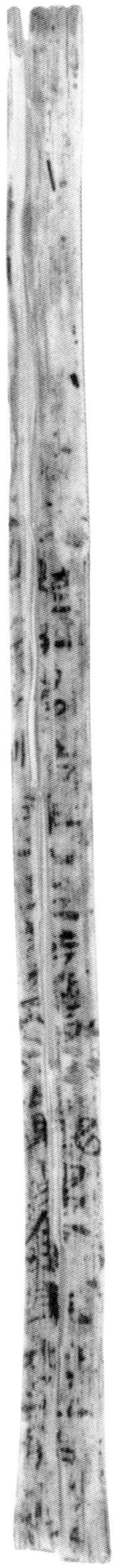
三七六六

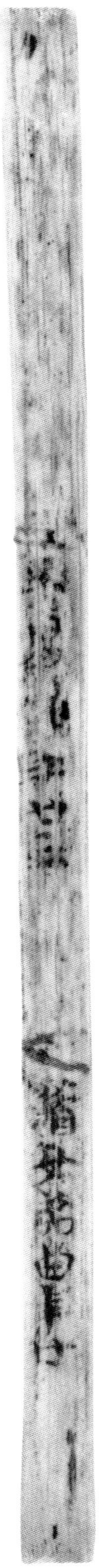
三七六七

三七六八

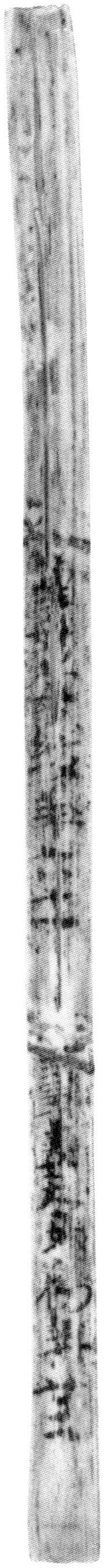
三七六九

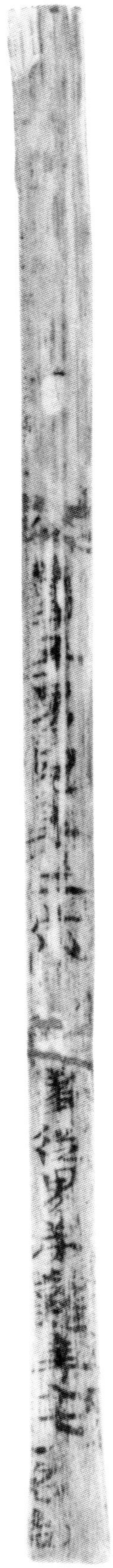
三七七〇

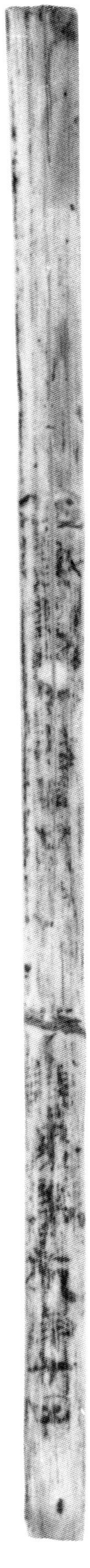
三七七一

三七七二

三七七三

三七七四

三七七五

三七七六

三七七七

三七七八

三七七九

三七八〇

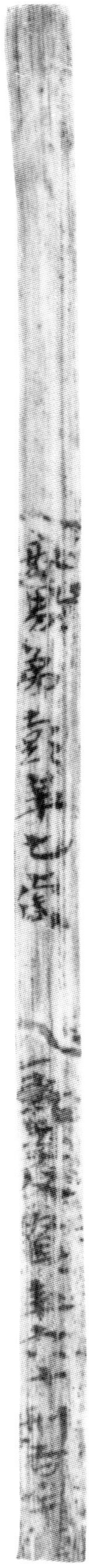

三七八一

三七八二

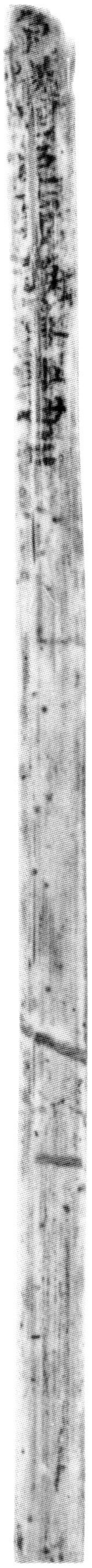

三七八三

三七八四

三七八五

三七八六

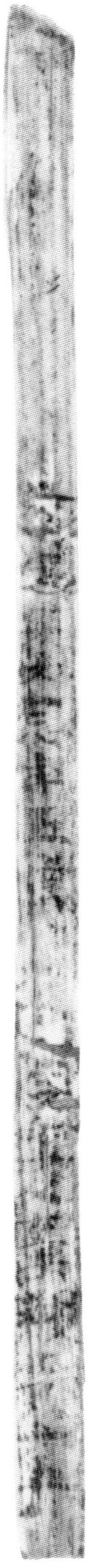

三七八七

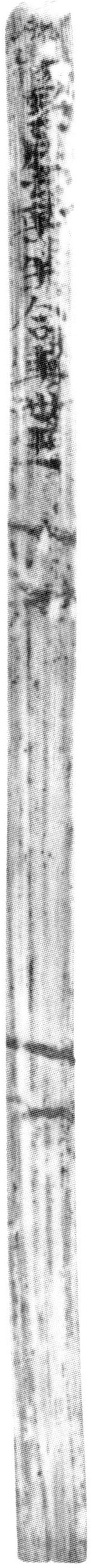

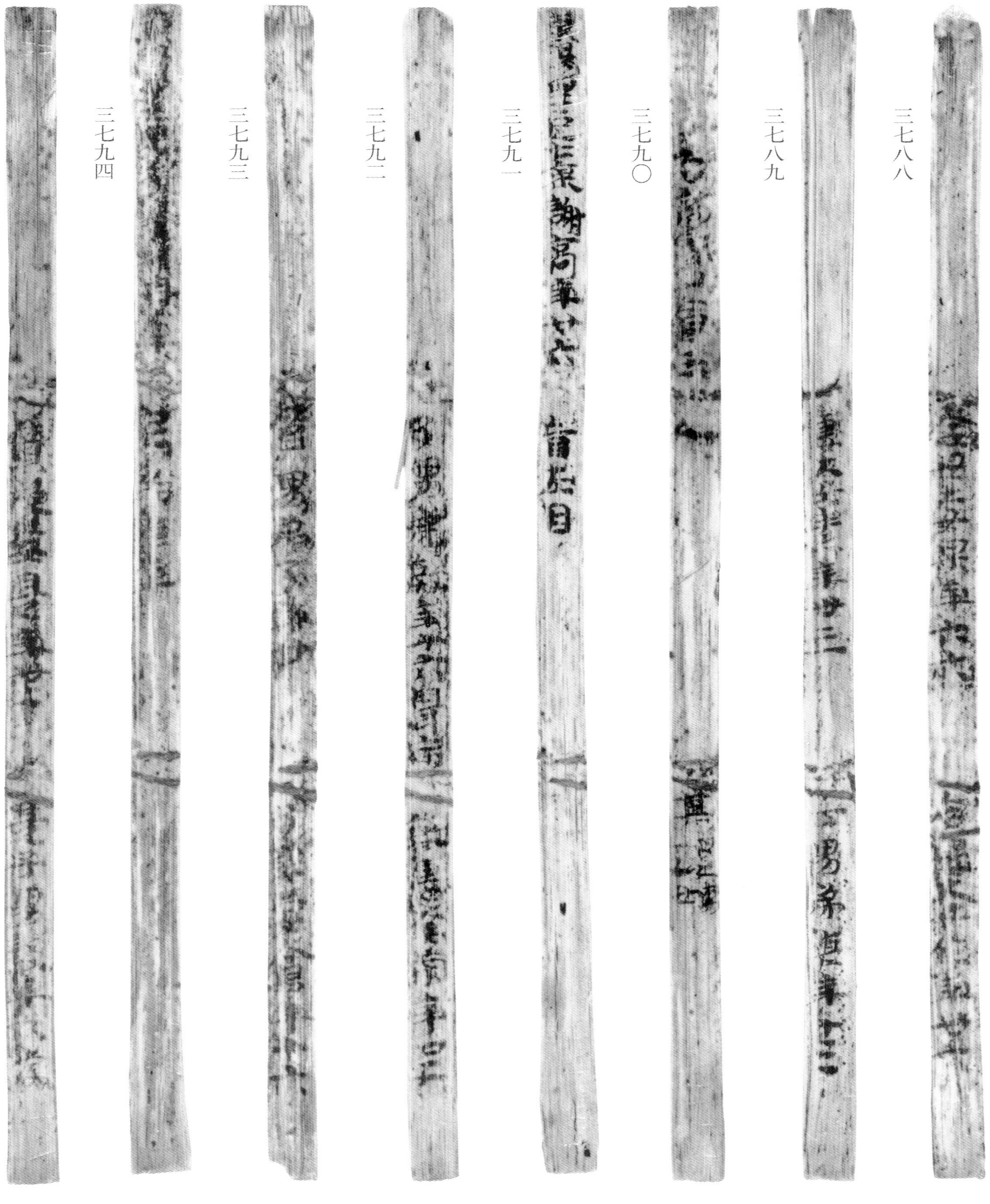

三七八八
三七八九
三七九〇
三七九一
三七九二
三七九三
三七九四
三七九五

三七九六

三七九七

三七九八

三七九九

三八〇〇

三八〇一

三八〇二

三八〇三

三八〇四

三八〇五

三八〇六

三八〇七

三八〇八

三八〇九

三八一〇

三八一一

三八一二

三八一三

三八一四

三八一五

三八一六

三八一七

三八一八

三八一九

三八二〇
三八二一
三八二二
三八二三
三八二四
三八二五
三八二六
三八二七

三八二八

三八二九

三八三〇

三八三一

三八三二

三八三三

三八三四

三八三五

三八三六

三八三七

三八三八

三八三九

三八四〇

三八四一

三八四二

三八四三正

三八四三背

三八四四正

三八四四背

三八四五正

三八四五背

三八四六正

三八四六背

三八四七

三八四八

三八四九

三八五〇

三八五一

三八五二

三八五三

三八五四

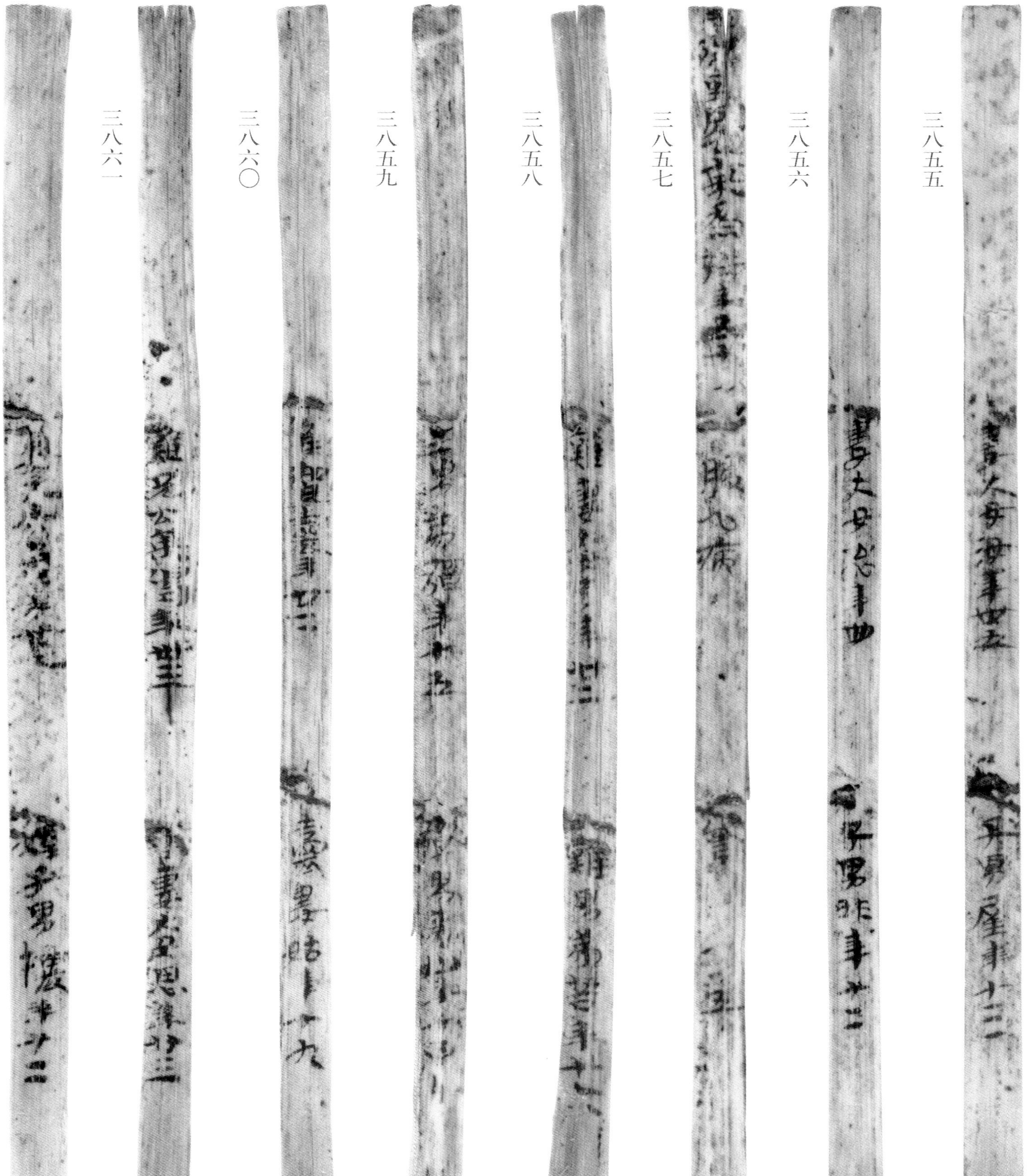

三八五五

三八五六

三八五七

三八五八

三八五九

三八六〇

三八六一

三八六二

三八六三

三八六四

三八六五

三八六六

三八六七

三八六八

三八六九

三八七〇

三八七一

三八七二

三八七三

三八七四

三八七五

三八七六

三八七七

三八七八

三八七九

三八八〇

三八八一

三八八二

三八八三

三八八四

三八八五

三八八六

三八八七

三八八八

三八八九

三八九〇

三八九一

三八九二

三八九三

三八九四

三八九五

三八九六

三八九七

三八九八

三八九九

三九〇〇

三九〇一

三九〇二

三九〇三

三九〇四

三九〇五

三九〇六

三九〇七

三九〇八

三九〇九

三九一〇

三九一一

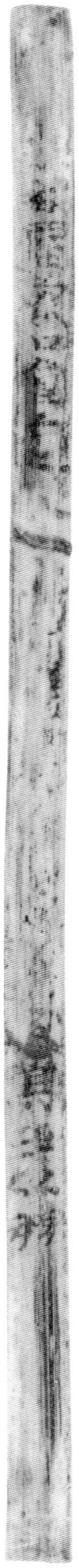

三九一二

三九一三

三九一四

三九一五

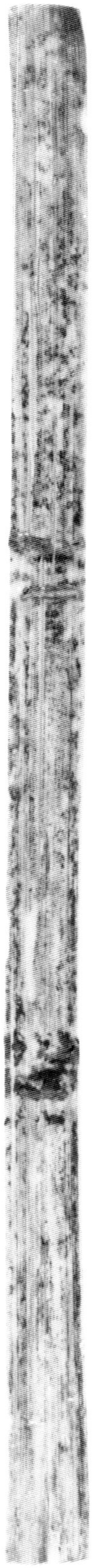

三九一六

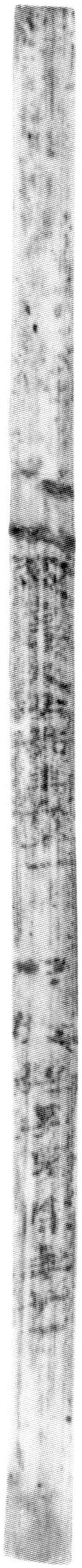

三九一七

三九一八

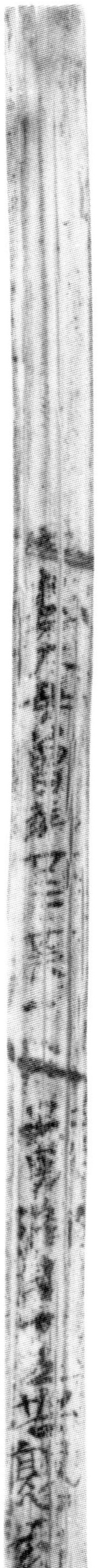

三九一九

三九二〇

三九二一

三九二二

三九二三

三九二四

三九二五

三九二六

三九二七

三九二八

三九二九

三九三〇

三九三一

三九三二

三九三三

三九三四

三九三五

三九三六

三九三七

三九三八

三九三九

三九四〇

三九四一

三九四二

三九四三
三九四四
三九四五
三九四六
三九四七
三九四八
三九四九
三九五〇

三九五一

三九五二

三九五三

三九五四

三九五五

三九五六

三九五七

三九五八

三九五九

三九六〇

三九六一

三九六二

三九六三

三九六四

三九六五

三九六六

三九六七
三九六八
三九六九
三九七〇
三九七一
三九七二
三九七三
三九七四

三九七五

三九七六

三九七七

三九七八

三九七九

三九八〇

三九八一

三九八二

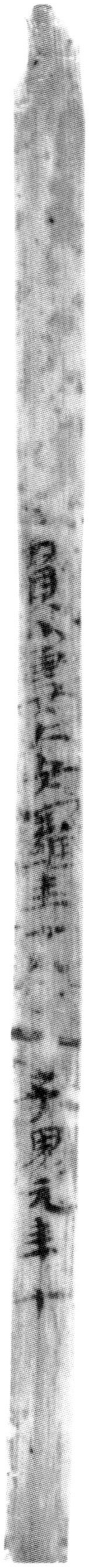

三九八三

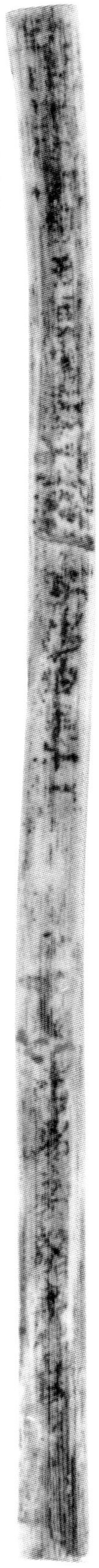

三九八四

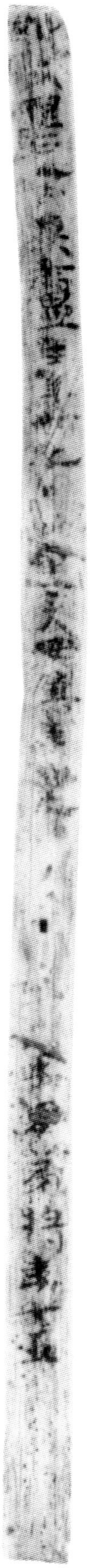

三九八五

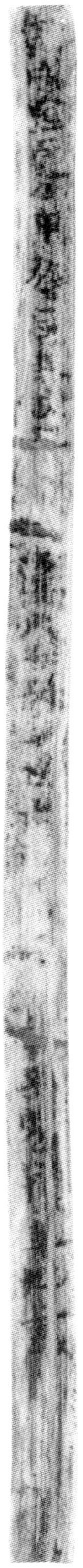

三九八六

三九八七

三九八八

三九八九

三九九〇

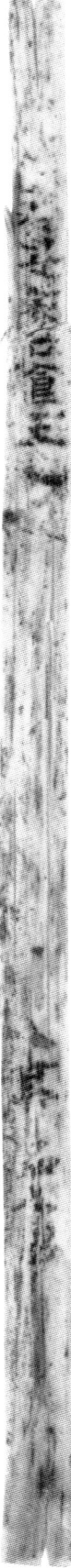

三九九一
三九九二
三九九三
三九九四
三九九五
三九九六
三九九七
三九九八

三九九九
四〇〇〇
四〇〇一
四〇〇二
四〇〇三
四〇〇四
四〇〇五
四〇〇六

四〇〇七

四〇〇八

四〇〇九

四〇一〇

四〇一一

四〇一二

四〇一三

四〇一四

四〇一五
四〇一六
四〇一七
四〇一八
四〇一九
四〇二〇
四〇二一
四〇二二

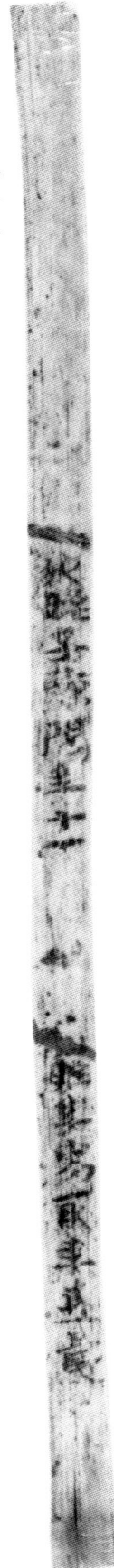

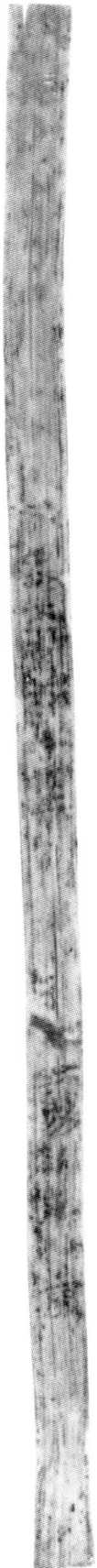

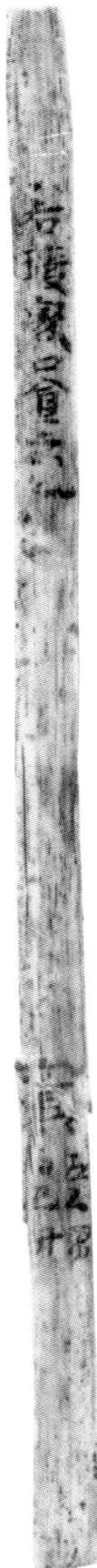

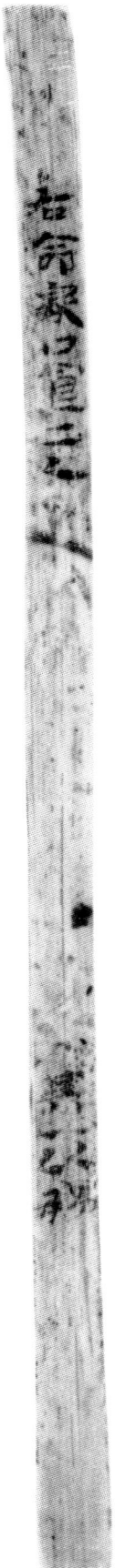

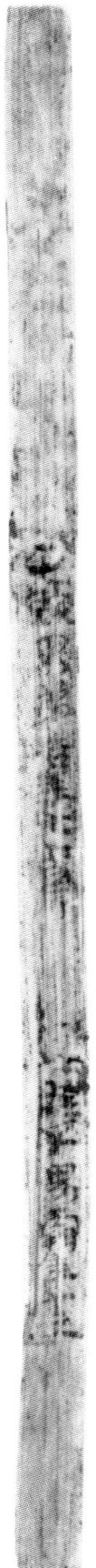

四〇二三 四〇二四 四〇二五 四〇二六 四〇二七 四〇二八 四〇二九 四〇三〇

四〇三一

四〇三二

四〇三三

四〇三四

四〇三五

四〇三六

四〇三七

四〇三八

四〇三九
四〇四〇
四〇四一
四〇四二
四〇四三
四〇四四
四〇四五
四〇四六

四〇四七

四〇四八

四〇四九

四〇五〇

四〇五一

四〇五二

四〇五三

四〇五四

四〇五五

四〇五六

四〇五七

四〇五八

四〇五九

四〇六〇

四〇六一

四〇六二

四〇六三

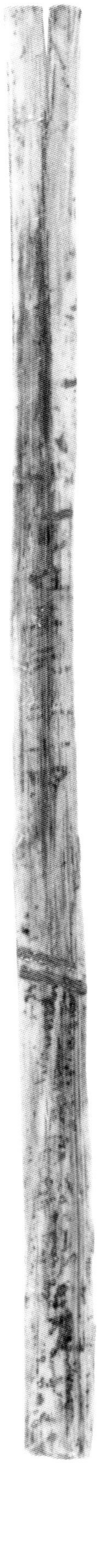
四〇六四

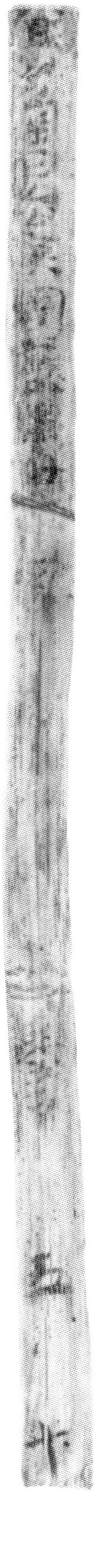
四〇六五

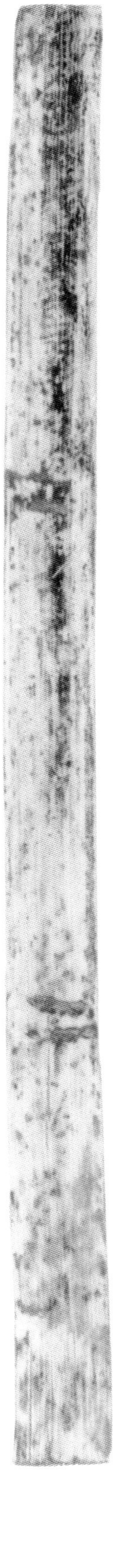
四〇六六正

四〇六六背

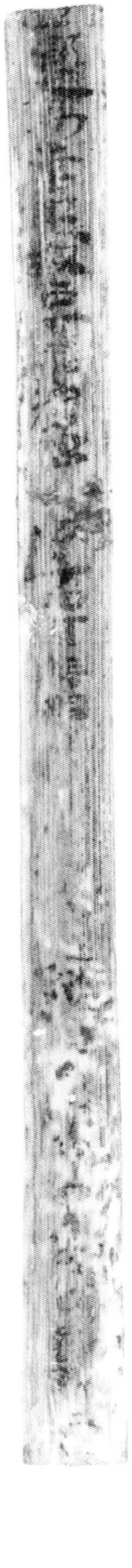
四〇六七正

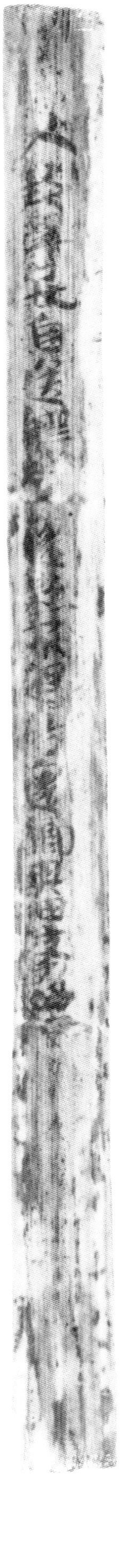
四〇六七背

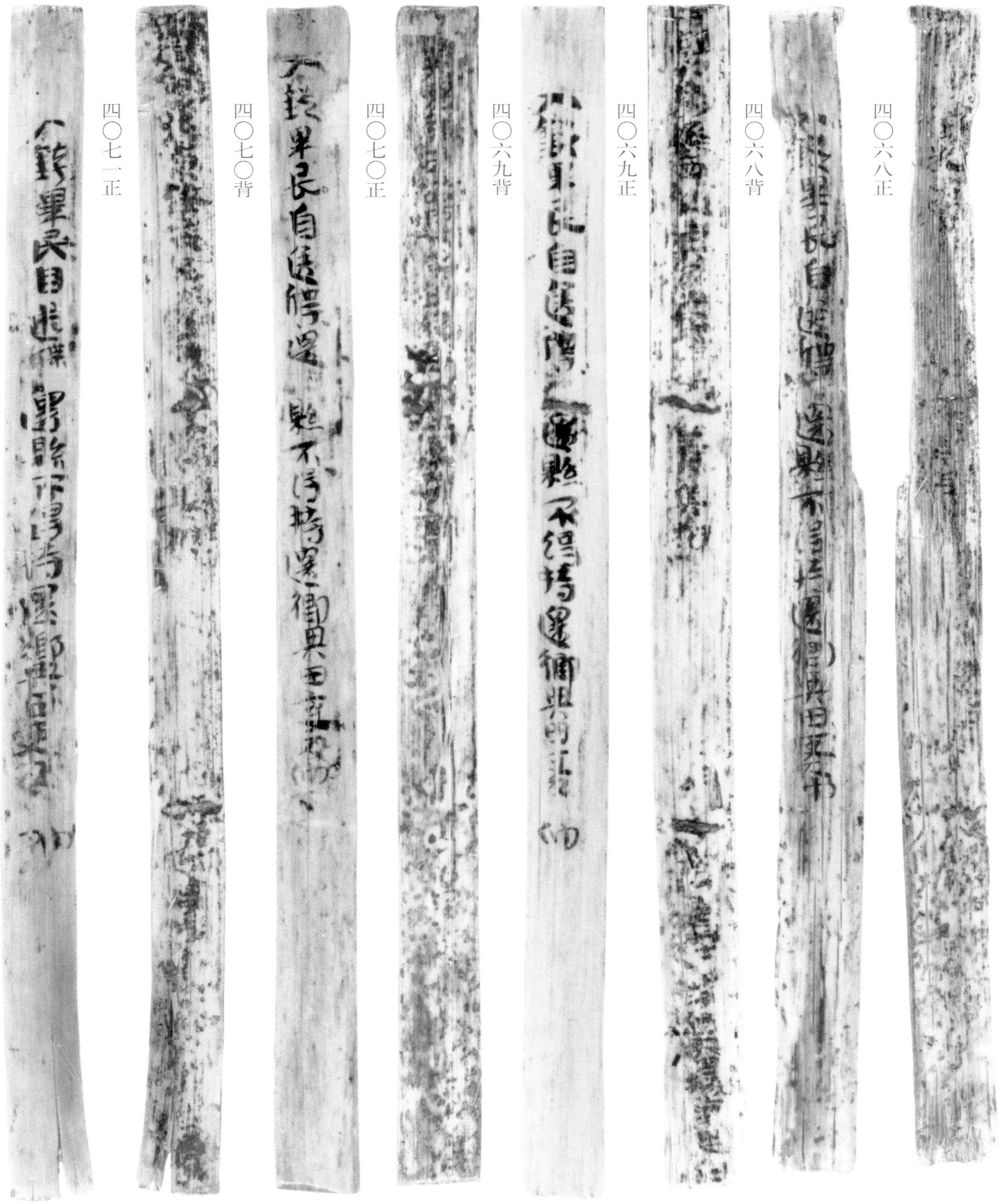

四〇六八正

四〇六八背

四〇六九正

四〇六九背

四〇七〇正

四〇七〇背

四〇七一正

四〇七一背

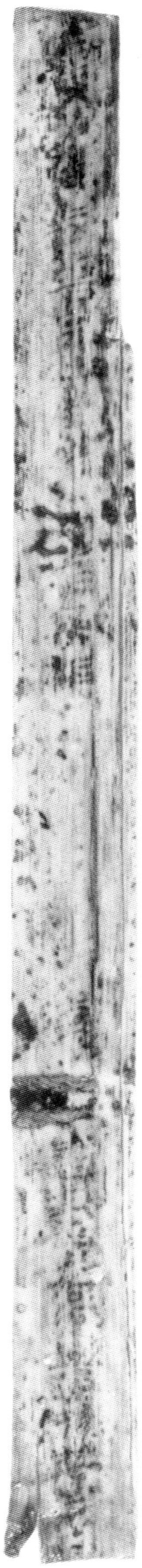
四〇七二正

四〇七二背

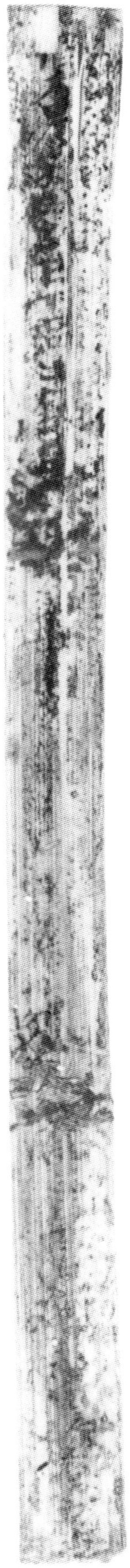
四〇七三正

四〇七三背

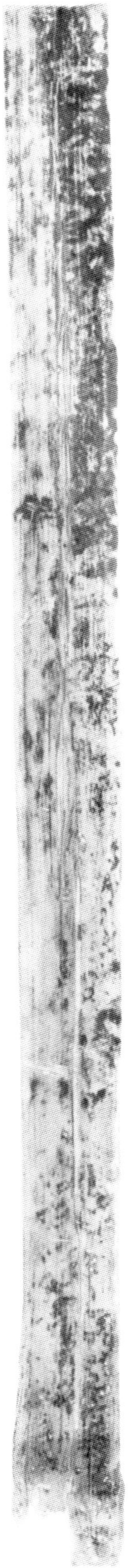
四〇七四正

四〇七四背

四〇七五正

四〇七五背

四〇七六正

四〇七六背

四〇七七正

四〇七七背

四〇七八正

四〇七八背

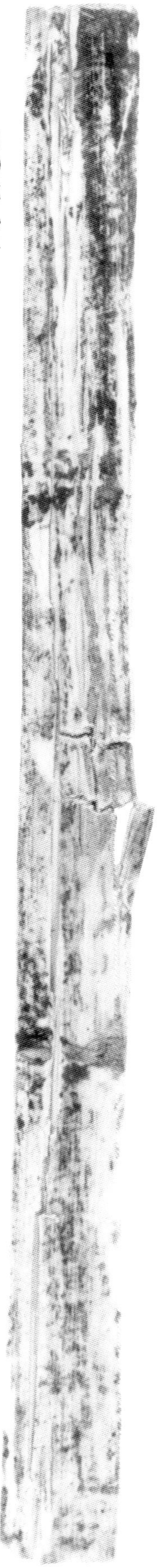
四〇七九正

四〇七九背

四〇八〇正

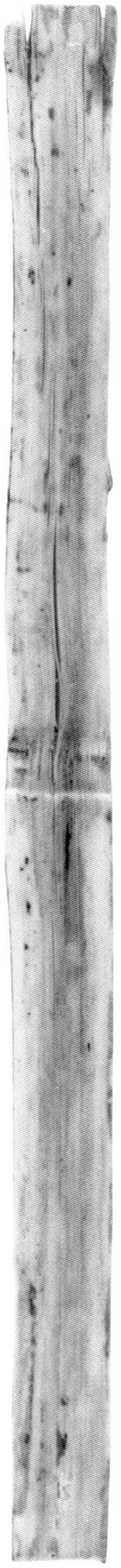
四〇八〇背

四〇八一正

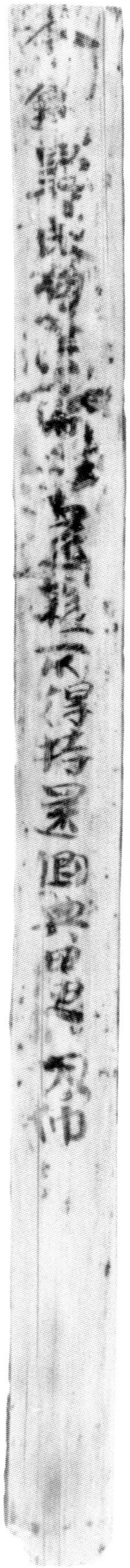
四〇八一背

四〇八二正

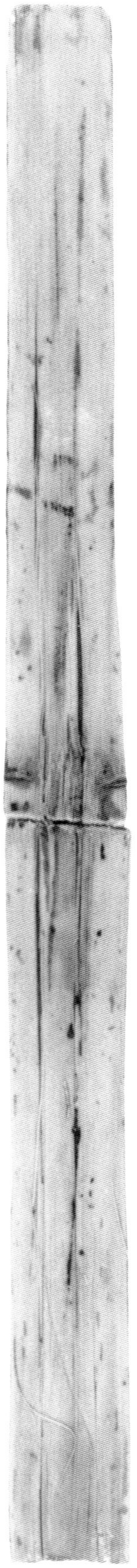
四〇八二背

四〇八三正

四〇八三背

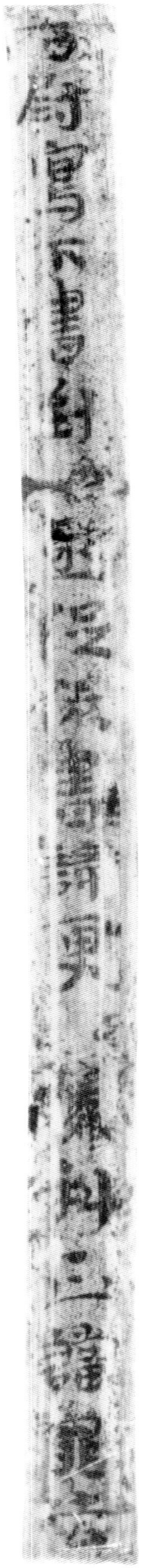
四〇八四

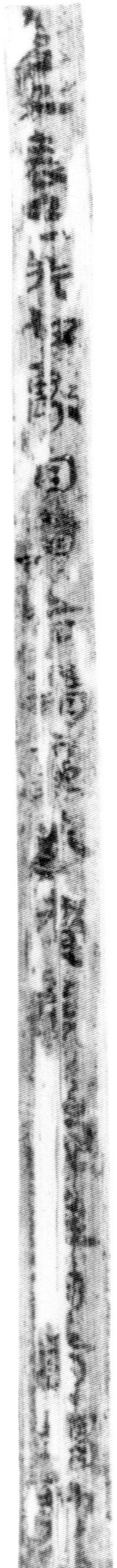
四〇八五

四〇八六

四〇八七

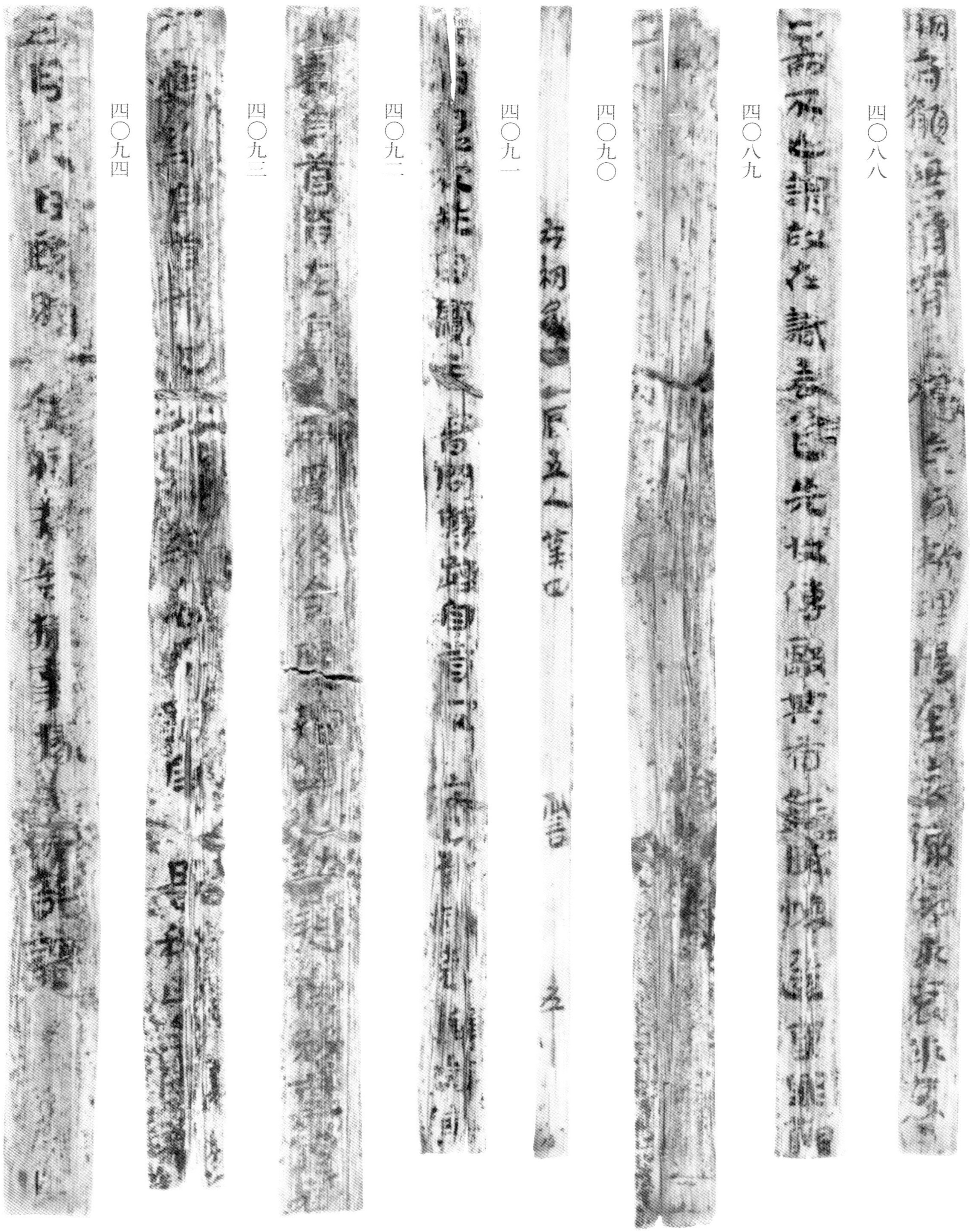

四〇八八

四〇八九

四〇九〇

四〇九一

四〇九二

四〇九三

四〇九四

四〇九五

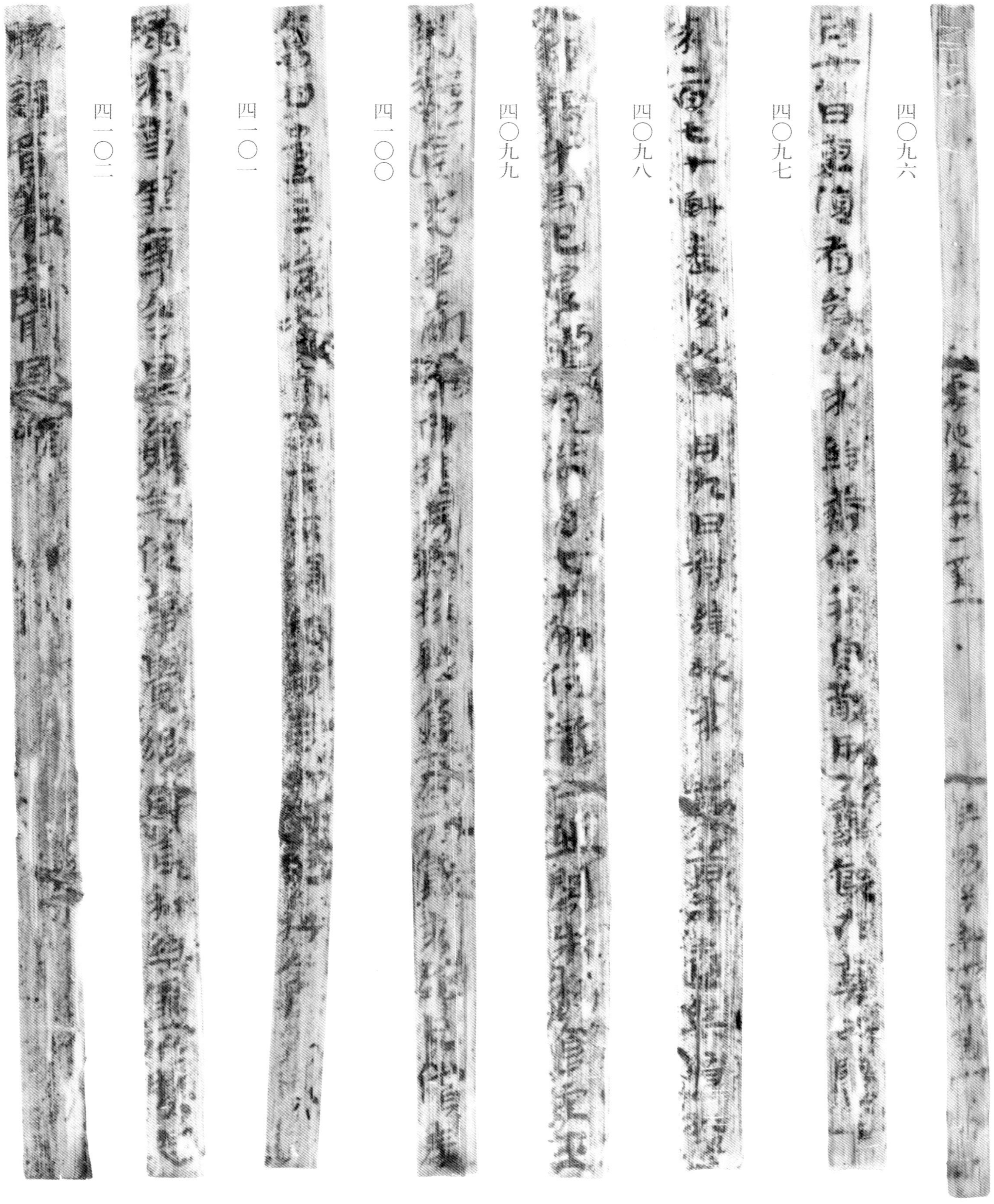

四〇九六　四〇九七　四〇九八　四〇九九　四一〇〇　四一〇一　四一〇二　四一〇三

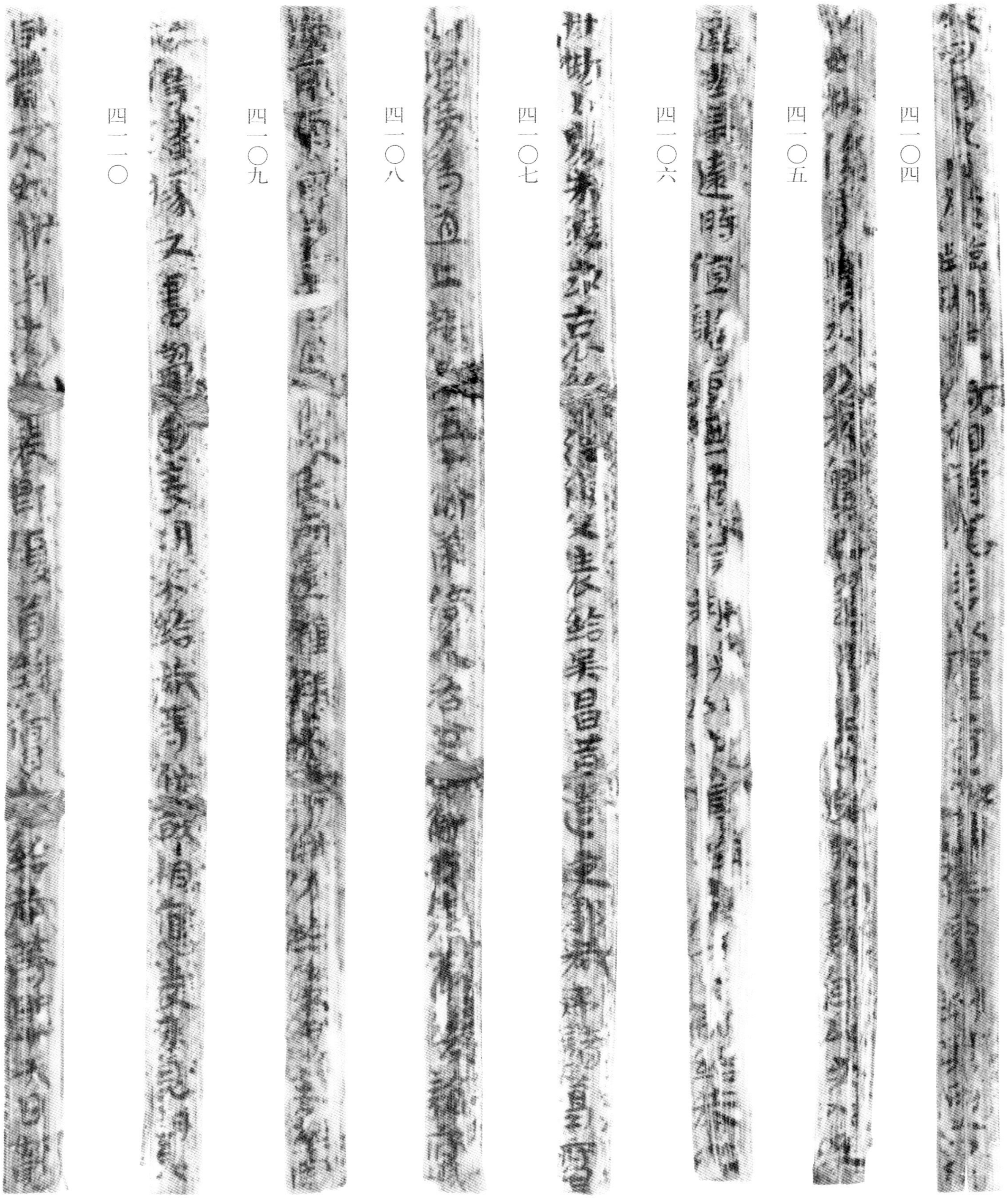

四一〇四

四一〇五

四一〇六

四一〇七

四一〇八

四一〇九

四一一〇

四一一一

四一一二
四一一三
四一一四
四一一五
四一一六
四一一七
四一一八
四一一九

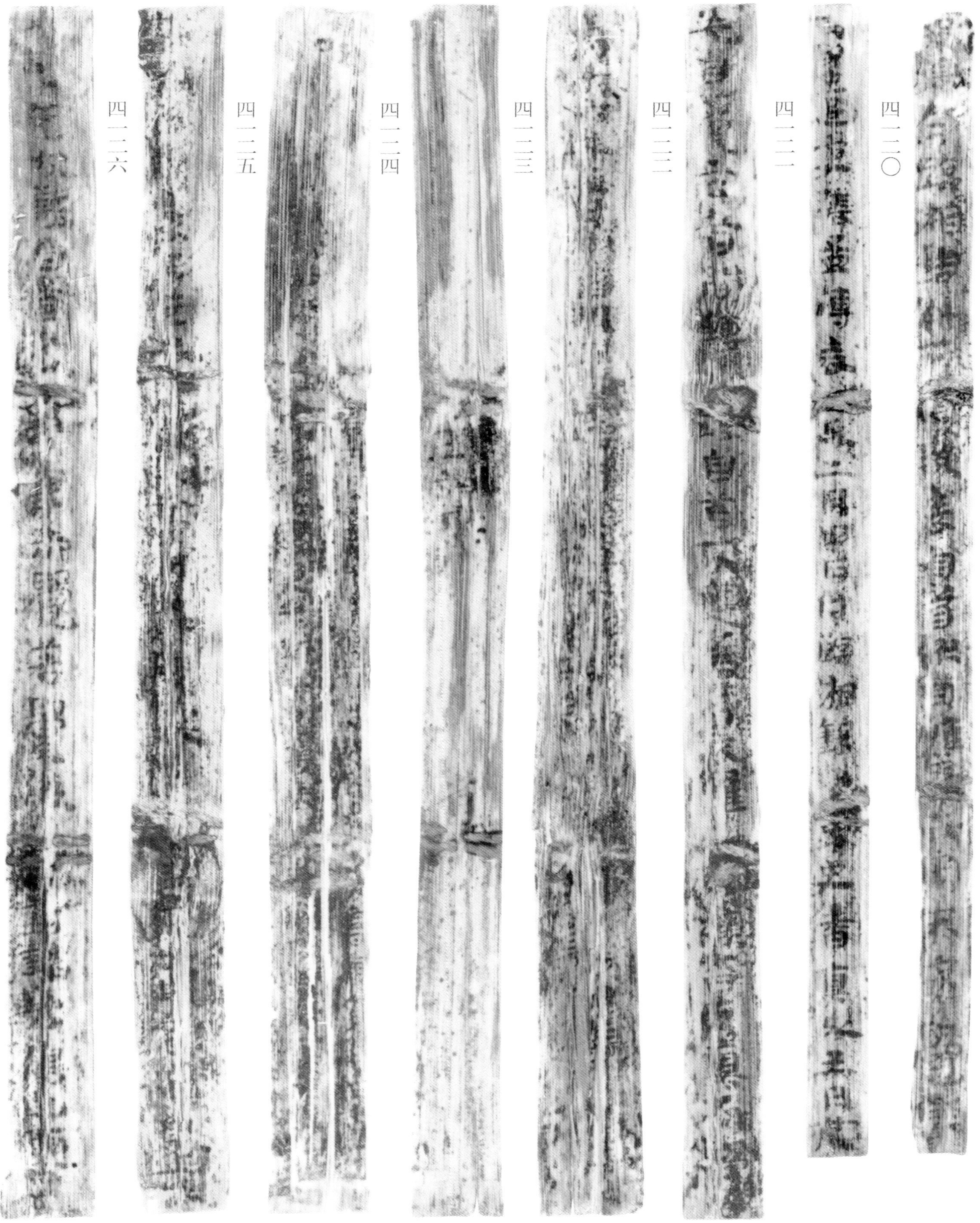

四一二〇

四一二一

四一二二

四一二三

四一二四

四一二五

四一二六

四一二七

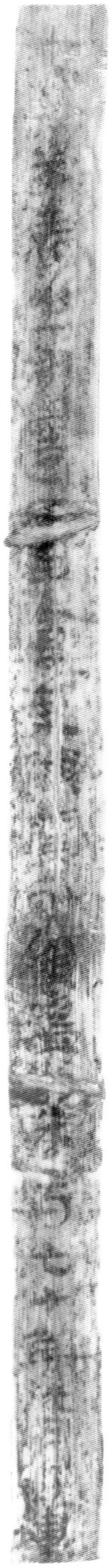
四一二八

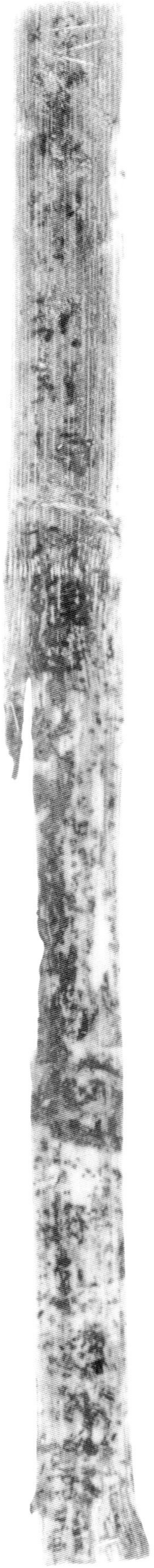
四一二九

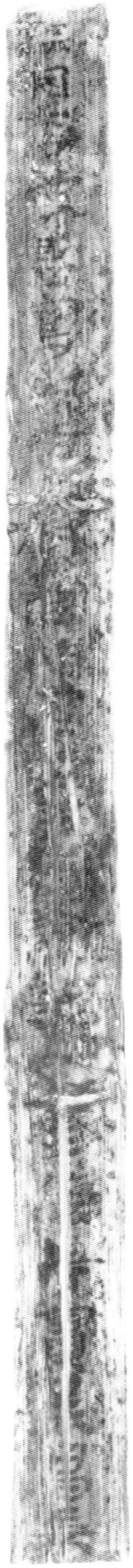
四一三〇

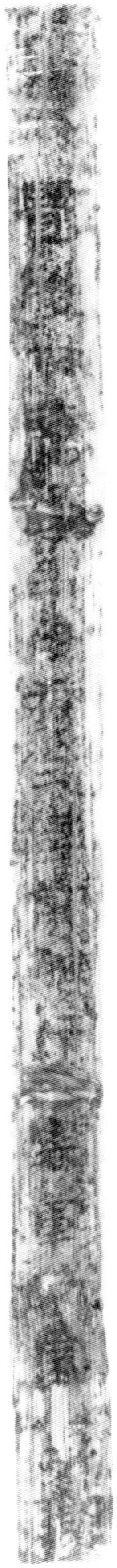
四一三一

四一三二

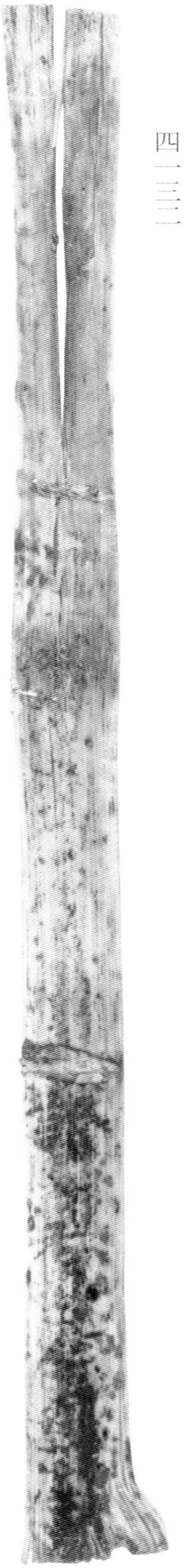
四一三三

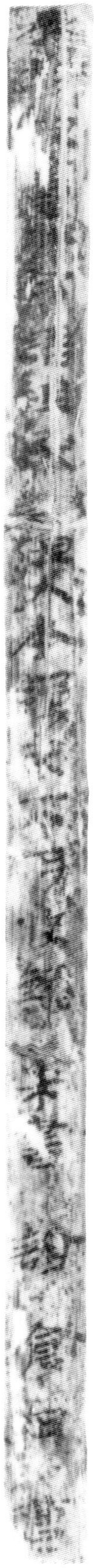
四一三四

四一三五

四一三六

四一三七正

四一三七背

四一三八

四一三九

四一四〇

四一四一

四一四二正

四一四二背

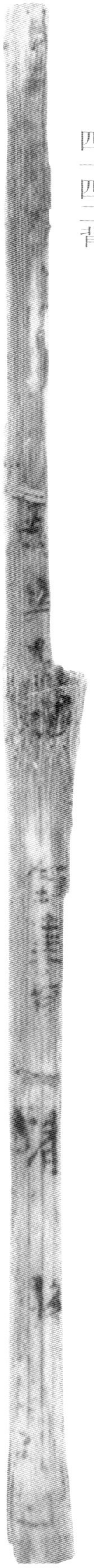

四一四三

四一四四

四一四五正

四一四五背

四一四六

四一四七

四一四八正

四一四八背

四一四九正

四一四九背

四一五〇正

四一五〇背

四一五一正

四一五一背

四一五二正

四一五二背

四一五三正

四一五三背

四一五四正

四一五四背

四一五五正

四一五五背

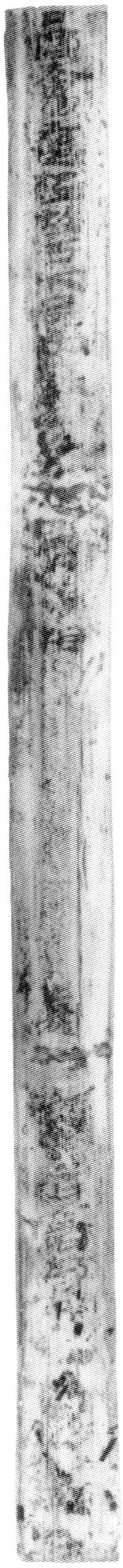
四一五六正

四一五六背

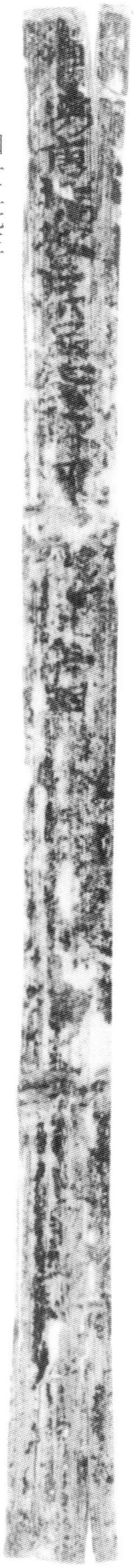
四一五七正

四一五七背

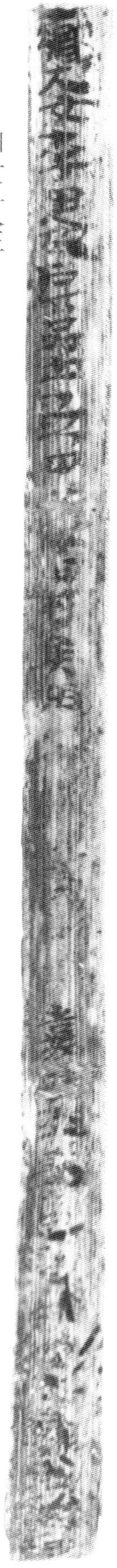
四一五八正

四一五八背

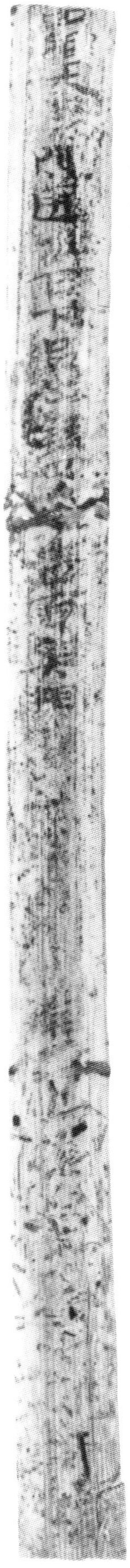
四一五九正

四一五九背

四一六〇正

四一六〇背

四一六一正

四一六一背

四一六二正

四一六二背

四一六三正

四一六三背

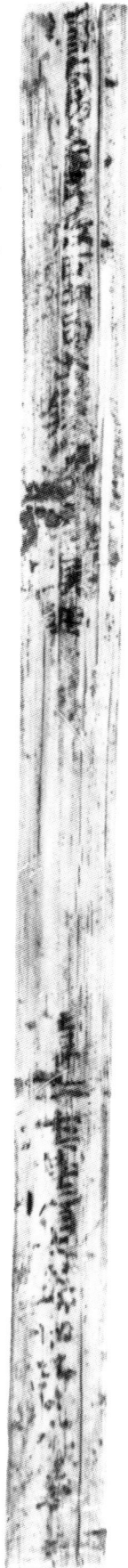

四一六四正

四一六四背

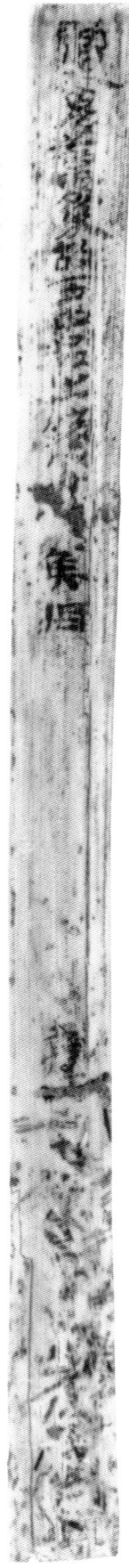

四一六五正

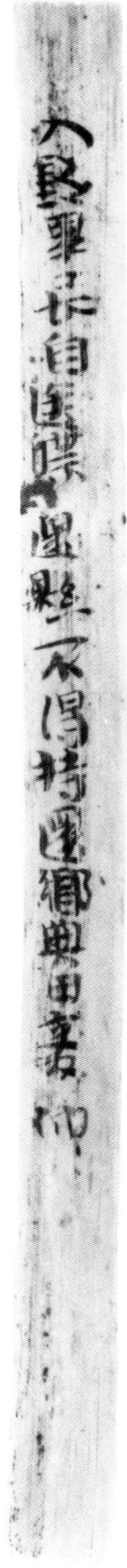

四一六五背

四一六六正

四一六六背

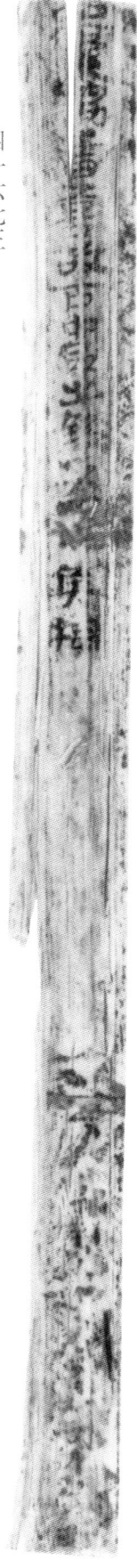

四一六七正

四一六七背

四一六八正

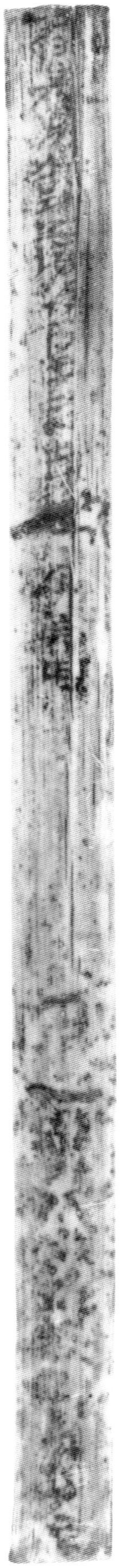

四一六八背

四一六九正

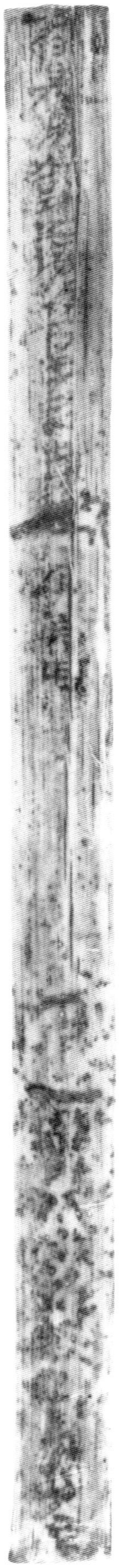

四一六九背

四一七〇正

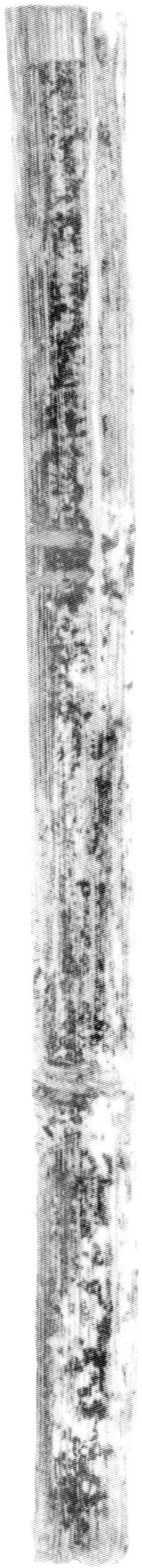

四一七〇背

四一七一正

四一七一背

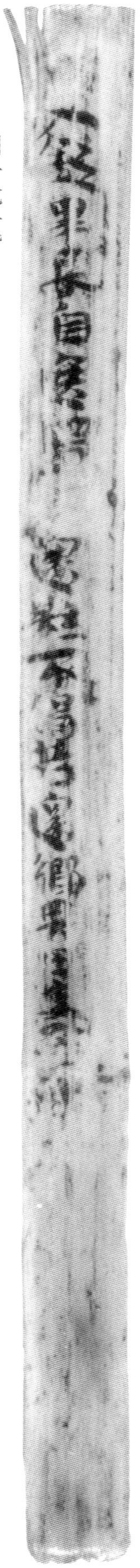

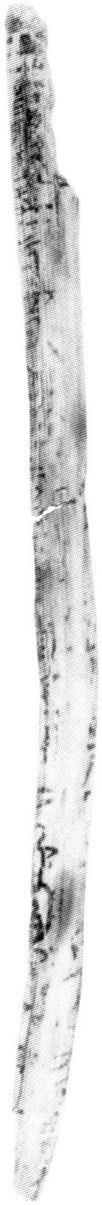

四一七二正

四一七二背

四一七三正

四一七三背

四一七四正

四一七四背

四一七五

四一七六

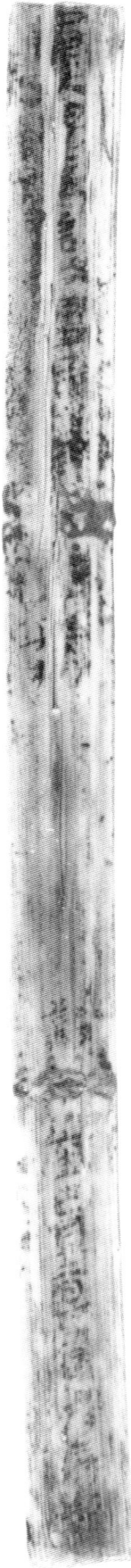

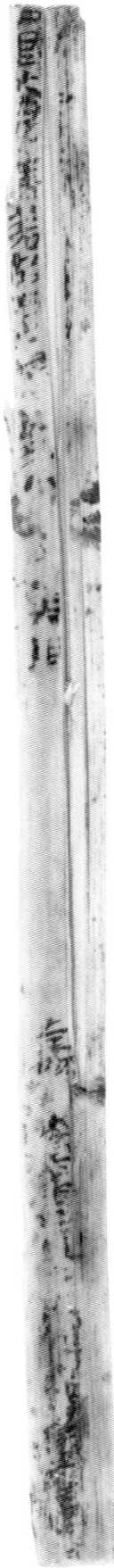

四一七七

四一七八正

四一七八背

四一七九

四一八〇

四一八一正

四一八一背

四一八二正

四一八二背

四一八三正

四一八三背

四一八四

四一八五

四一八六

四一八七

四一八八

四一八九

四一九〇

四一九一

四一九二

四一九三

四一九四

四一九五

四一九六

四一九七

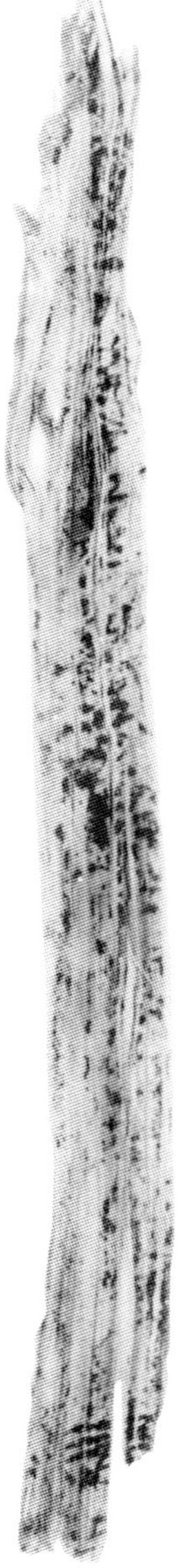
四一九八

四一九九

四二〇〇

四二〇一

四二〇二

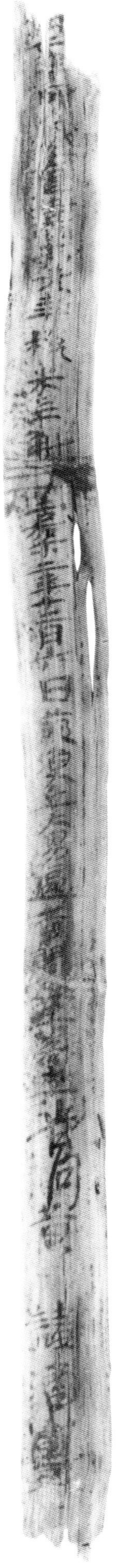
四二〇三

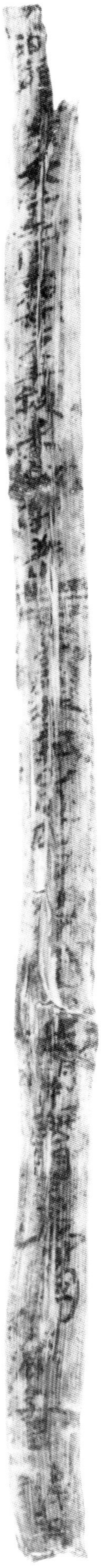
四二〇四

四二〇五

四二〇六

四二〇七

四二〇八

四二〇九

四二一〇

四二一一

四二一二

四二一三

四二一四

四二一五

四二一六

四二一七

四二一八

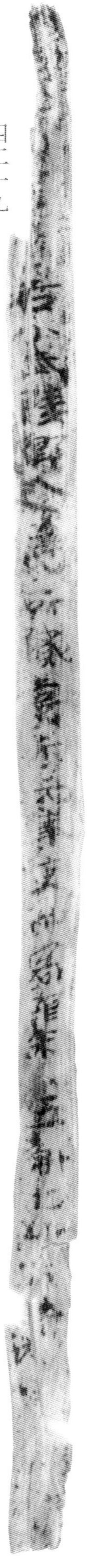
四二一九

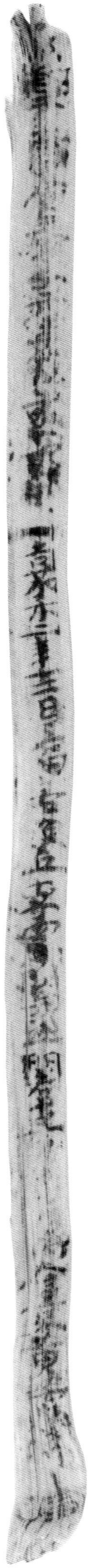
四二二〇

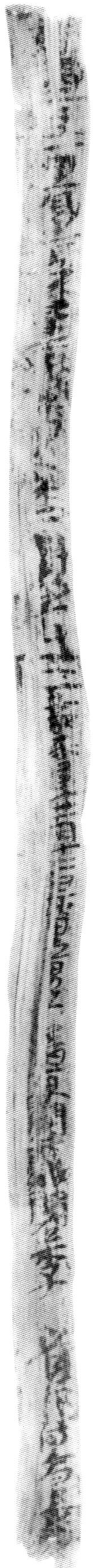
四二二一

四二二二

四二二三

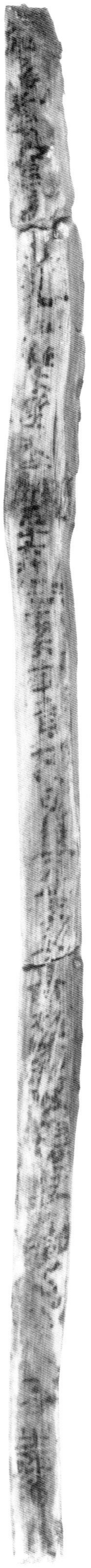
四二二四

四二二五

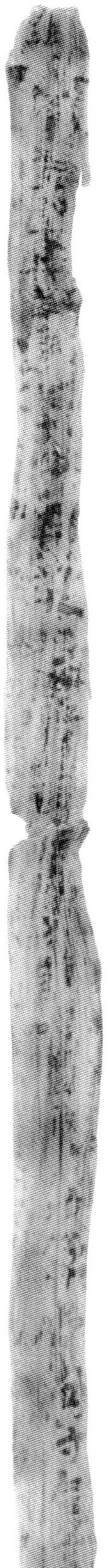
四二二六

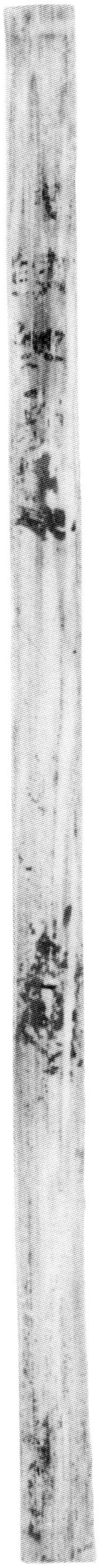
四二二七

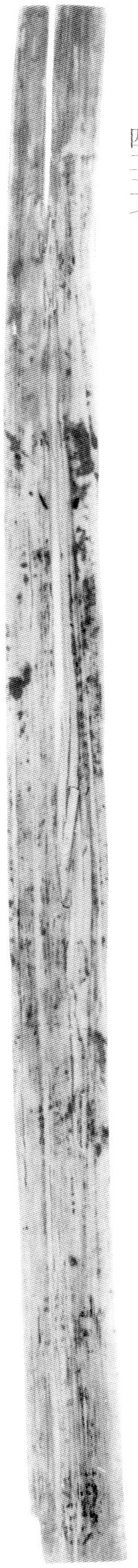
四二二八

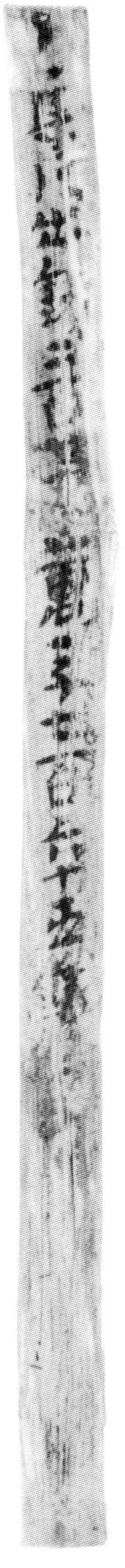
四二二九

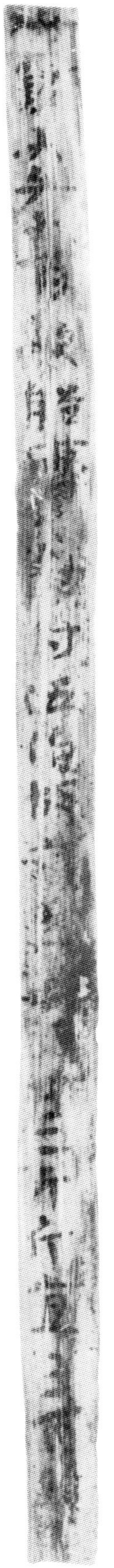
四二三〇

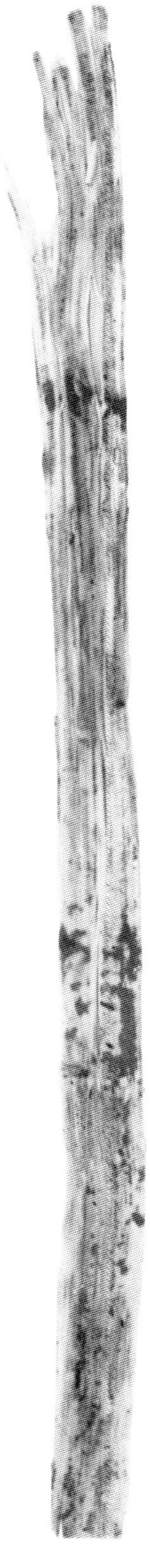
四二三一

四二三二

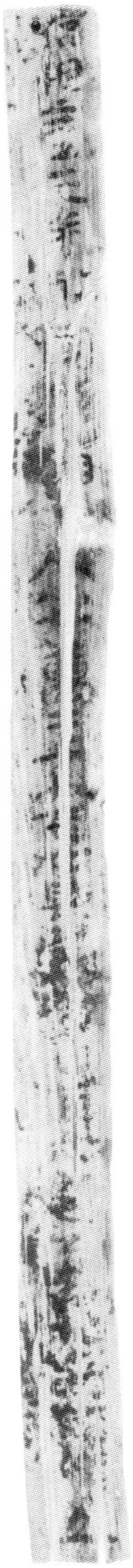
四二三三

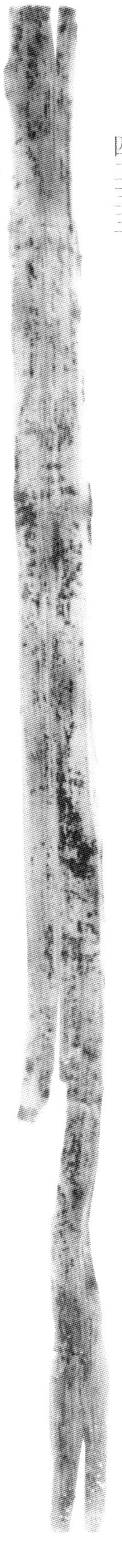
四二三四

四二三五

四二三六

四二三六（一）

四二三七

四二三八

四二三九

四二四〇

四二四一

四二四二

四二四三

四二四四

四二四五

四二四六

四二四七

四二四八

四二四九

四二五〇

四二五一

四二五二

四二五三

四二五四

四二五五

四二五六

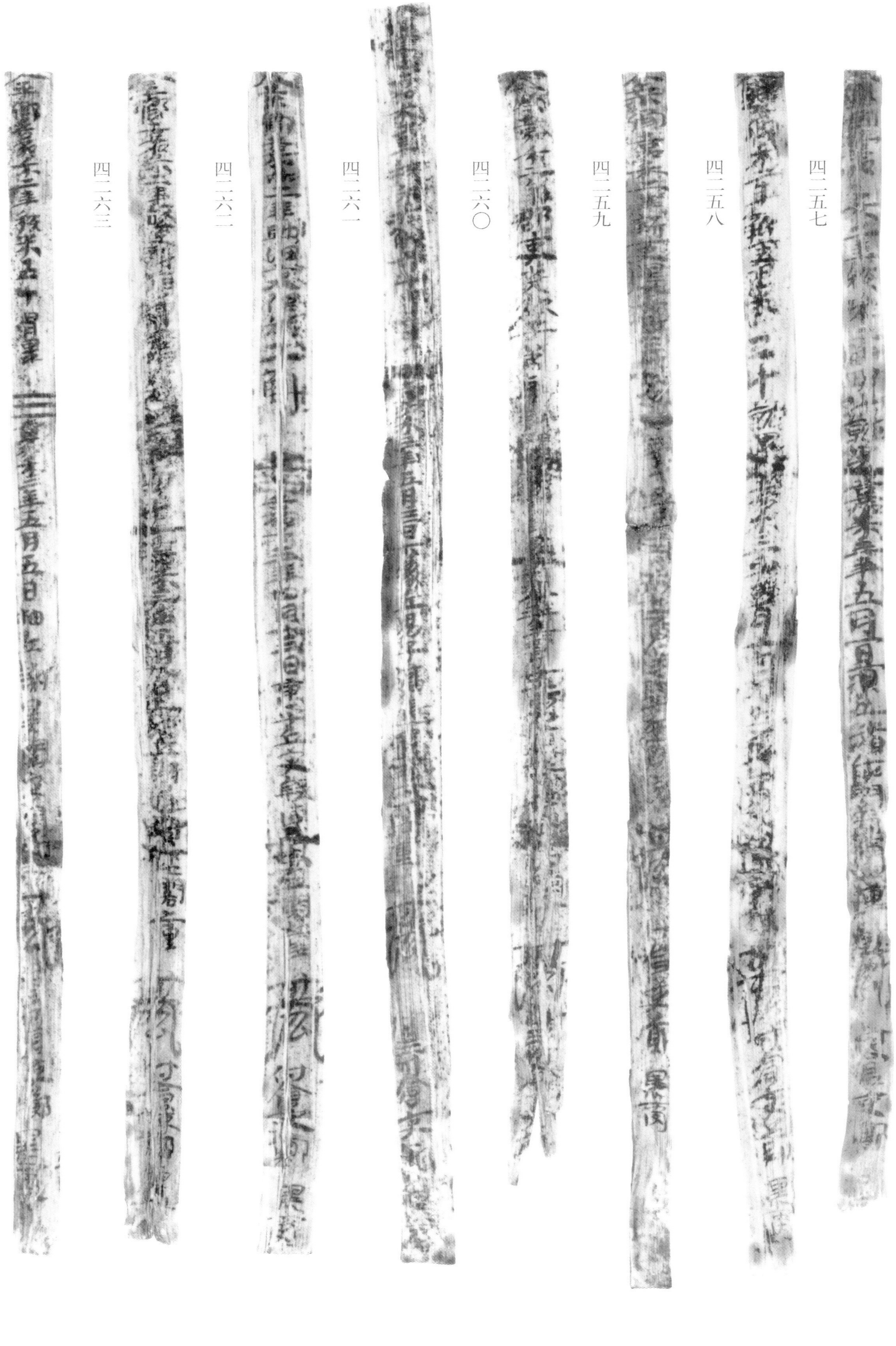

四二五七

四二五八

四二五九

四二六〇

四二六一

四二六二

四二六三

四二六四

四二六五

四二六六

四二六七

四二六八

四二六九

四二七〇

四二七一

四二七二

四二七三 四二七四 四二七五 四二七六 四二七七 四二七八 四二七九 四二八〇

四二八一

四二八二

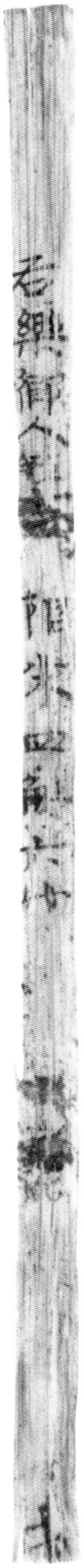

四二八三

四二八四

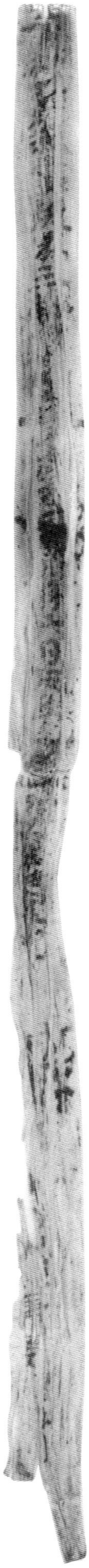

四二八五

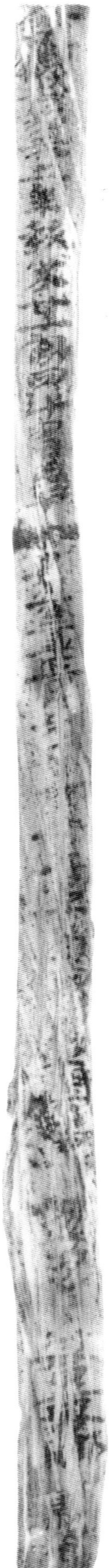

四二八六

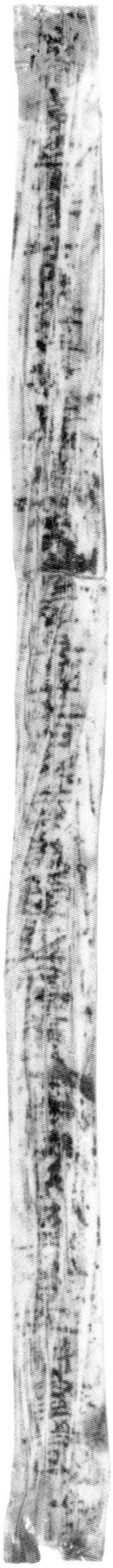

四二八七

四二八八

四二八九

四二九〇

四二九一

四二九二

四二九三

四二九四

四二九五

四二九六

四二九七 四二九八 四二九九 四三〇〇 四三〇一 四三〇二 四三〇三 四三〇四

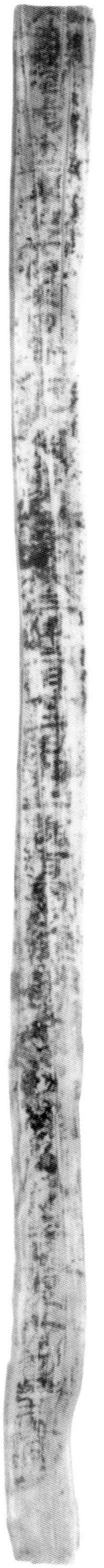
四三〇五

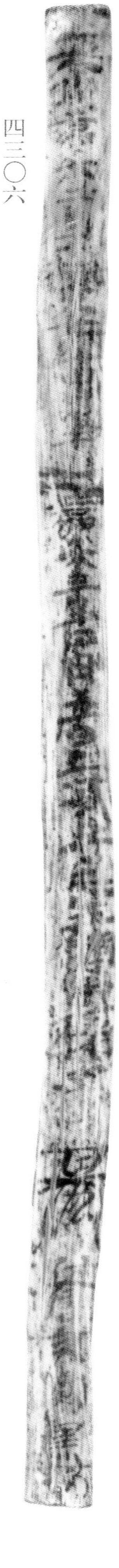
四三〇六

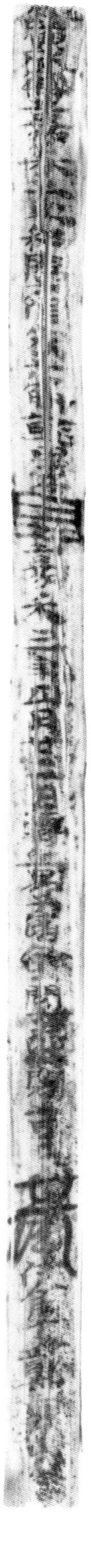
四三〇七

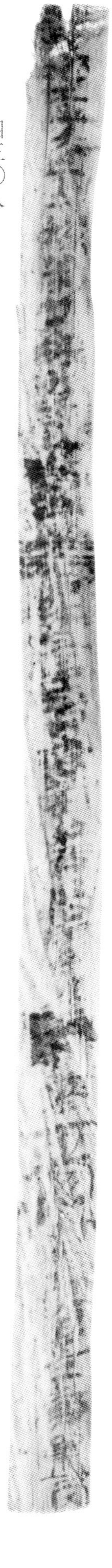
四三〇八

四三〇九

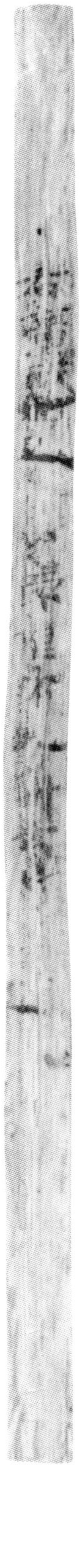
四三一〇

四三一一

四三一二

四三一三 四三一四 四三一五 四三一六 四三一七 四三一八 四三一九 四三二〇

四三二一
四三二二
四三二三
四三二四
四三二五
四三二六
四三二七
四三二八

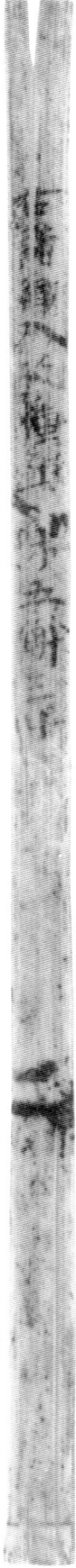

四三二九

四三三〇

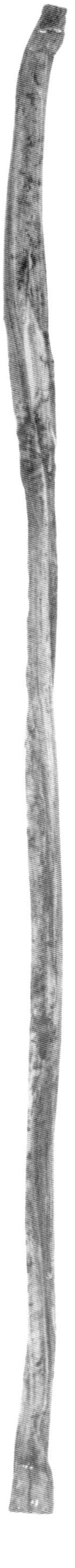

四三三一

四三三二

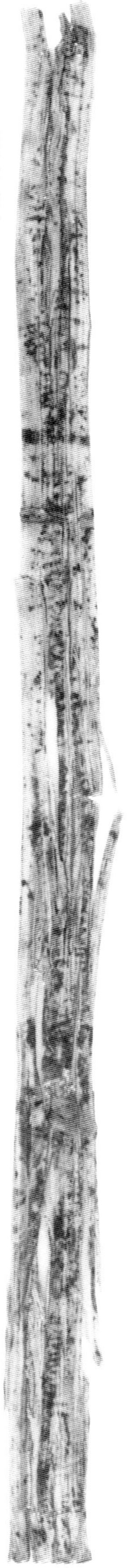

四三三三

四三三四

四三三五

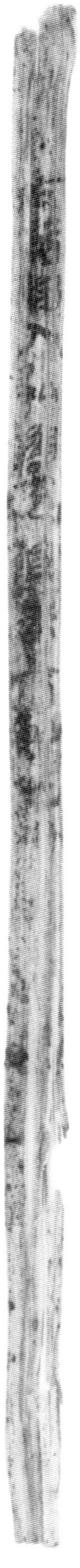

四三三六

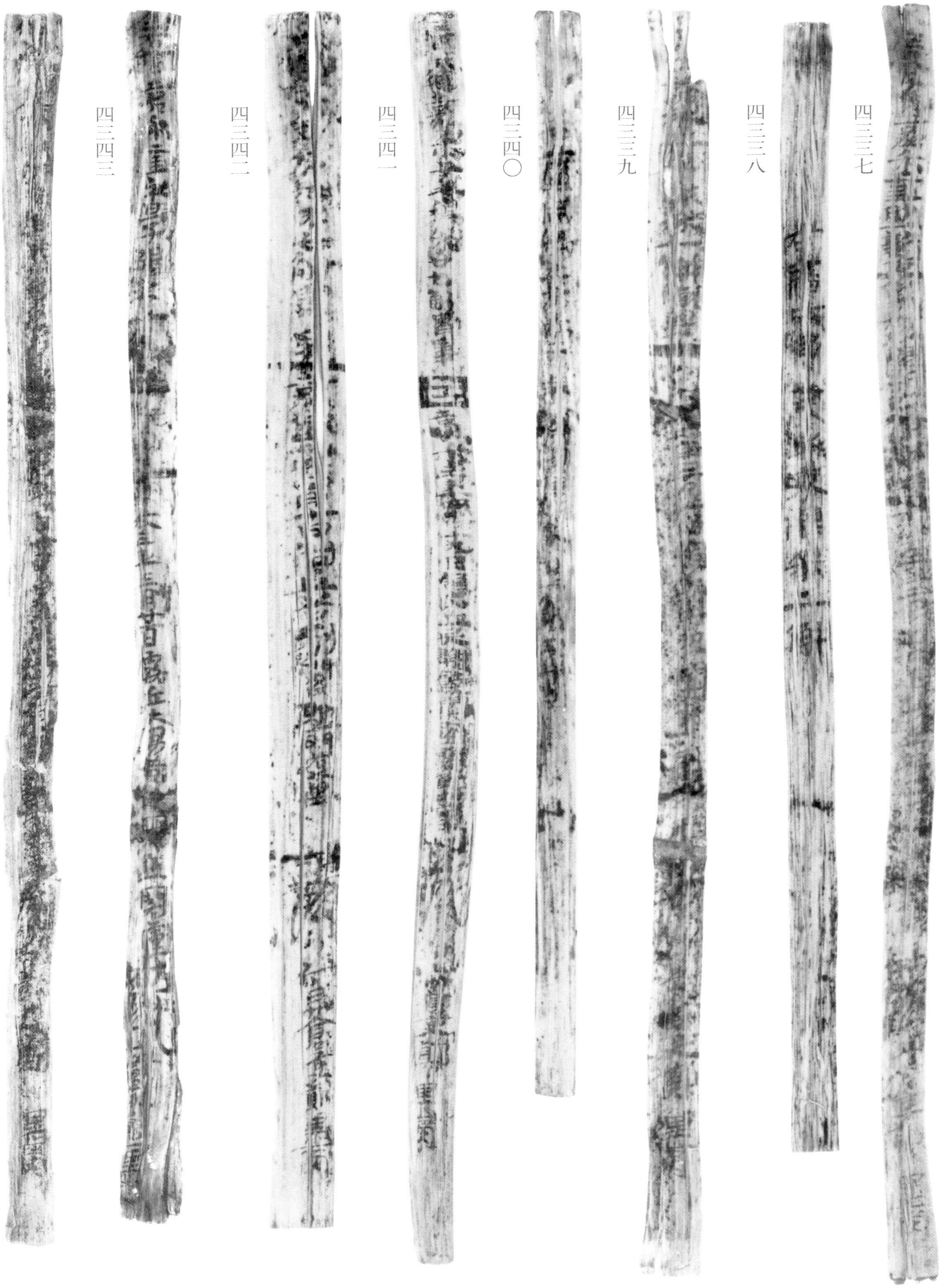

四三三七

四三三八

四三三九

四三四〇

四三四一

四三四二

四三四三

四三四四

四三四五

四三四六

四三四七

四三四八

四三四九

四三五〇

四三五一

四三五二

四三五三
四三五四
四三五五
四三五六
四三五七
四三五八
四三五九
四三六〇

四三六一

四三六二

四三六三

四三六四

四三六五

四三六六

四三六七

四三六八

四三六九

四三七〇

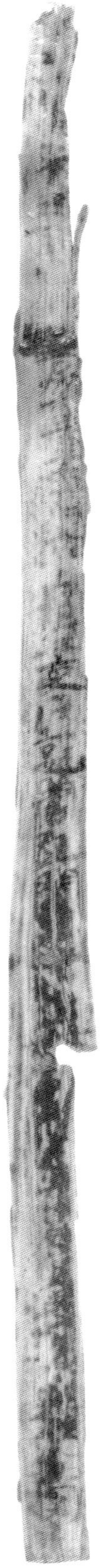

四三七一

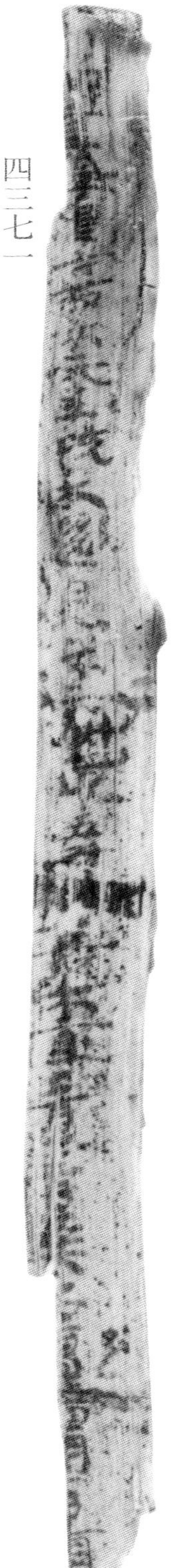

四三七二

四三七三

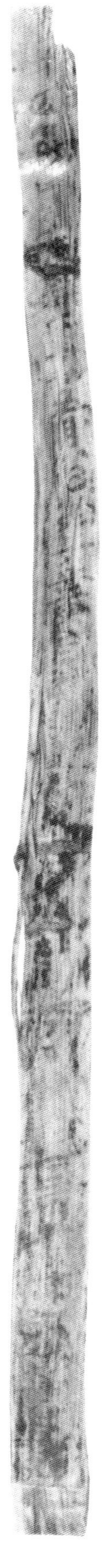

四三七四

四三七五

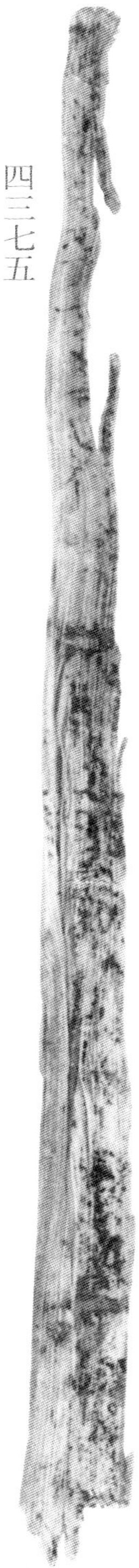

四三七六

四三七七

四三七八

四三七九

四三七九（一）

四三八〇

四三八一

四三八二

四三八三
四三八四
四三八五
四三八六
四三八七
四三八八
四三八九
四三九〇

四三九一
四三九二
四三九三
四三九四
四三九五
四三九六
四三九七

四三九八

四三九九

四四〇〇

四四〇一

四四〇二

四四〇三

四四〇四

四四〇五

四四〇六

四四〇七

四四〇八

四四〇九

四四一〇

四四一一

四四一二

四四一三

四四一四

四四一五

四四一六

四四一七

四四一八

四四一九

四四二〇

四四二一

四四二二

四四二三

四四二四

四四二五

四四二六

四四二七

四四二八

四四二九

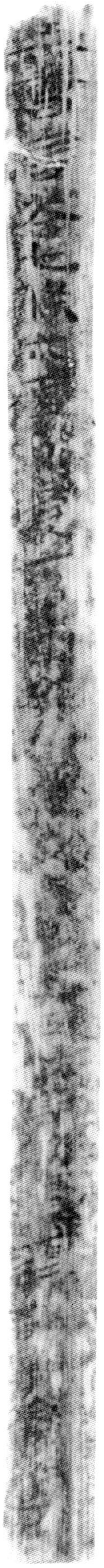
四四三〇

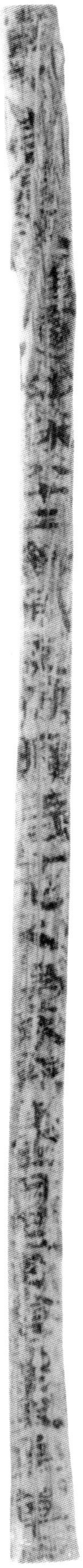
四四三一

四四三二

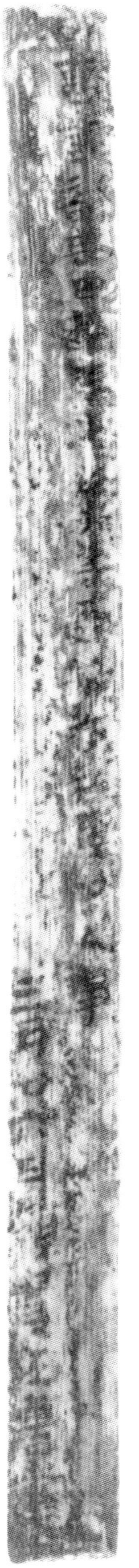
四四三三

四四三四

四四三五

四四三六

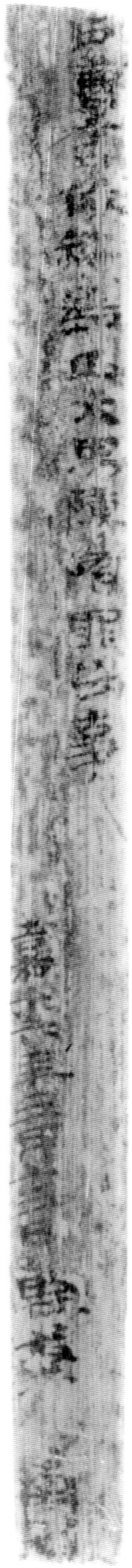

四四三七

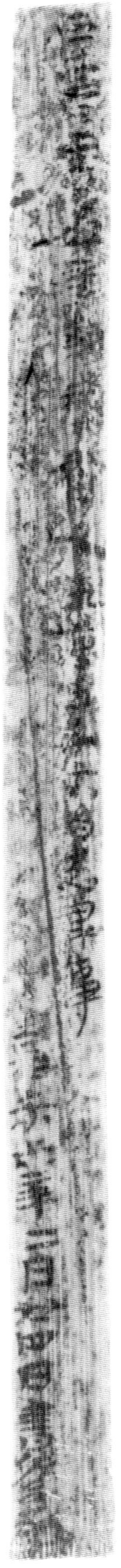

四四三八

四四三九

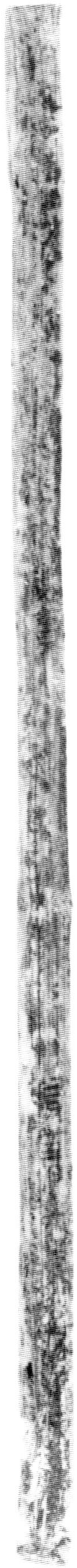

四四四〇

四四四一

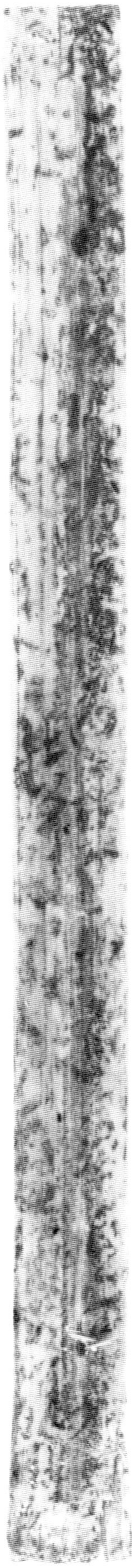

四四四二

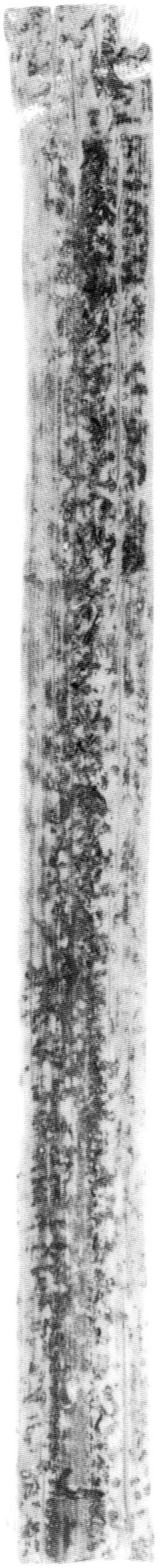

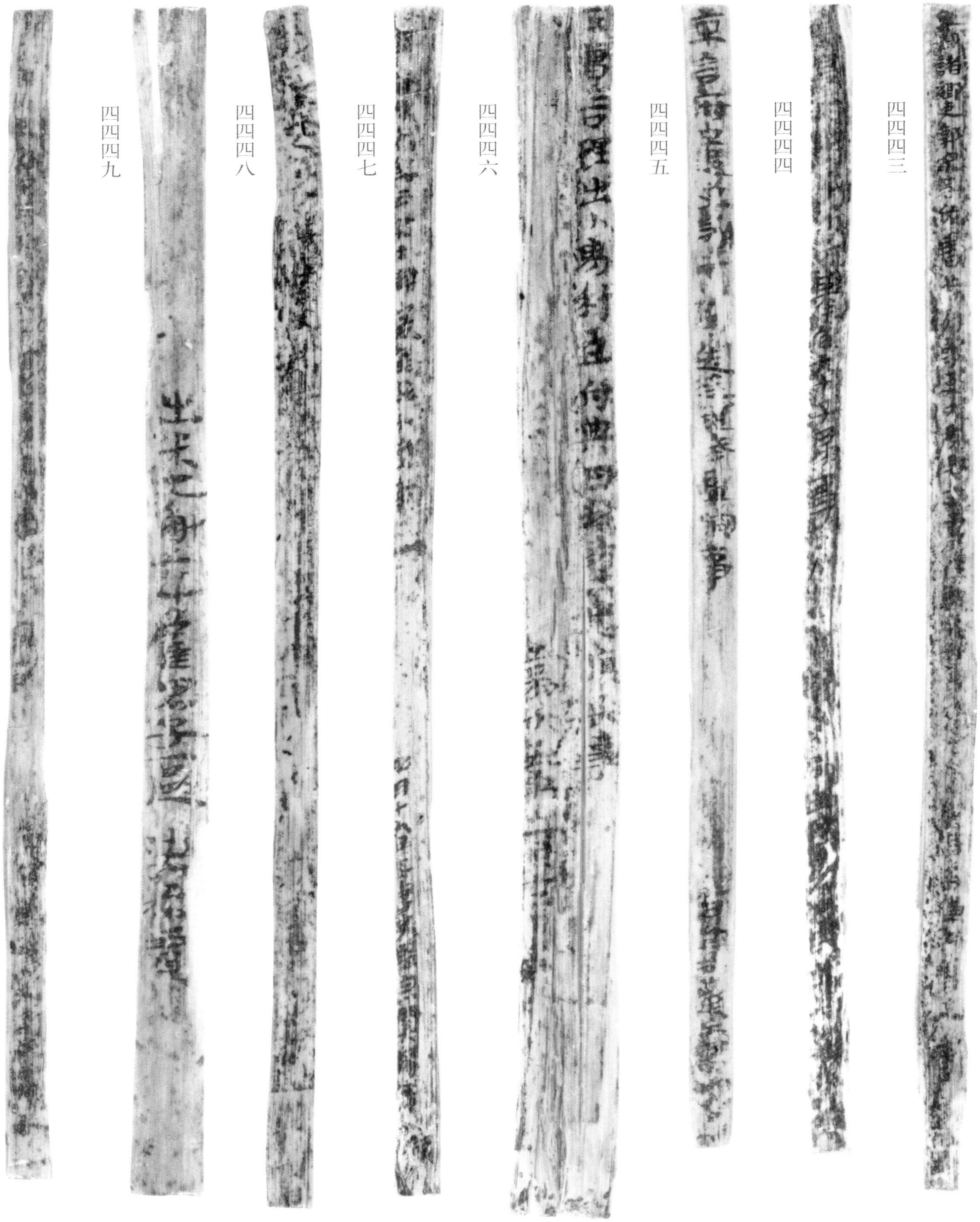

四四四三
四四四四
四四四五
四四四六
四四四七
四四四八
四四四九
四四五〇

四四五一

四四五二

四四五三

四四五四

四四五五

四四五六

四四五七

四四五八

四四五九

四四六〇

四四六一

四四六二

四四六三

四四六四

四四六五

四四六六

四四六七
四四六八
四四六九
四四七〇
四四七一
四四七二
四四七三
四四七四

四四七五

四四七六

四四七六（二）

四四七七

四四七八

四四七九

四四八〇

四四八一

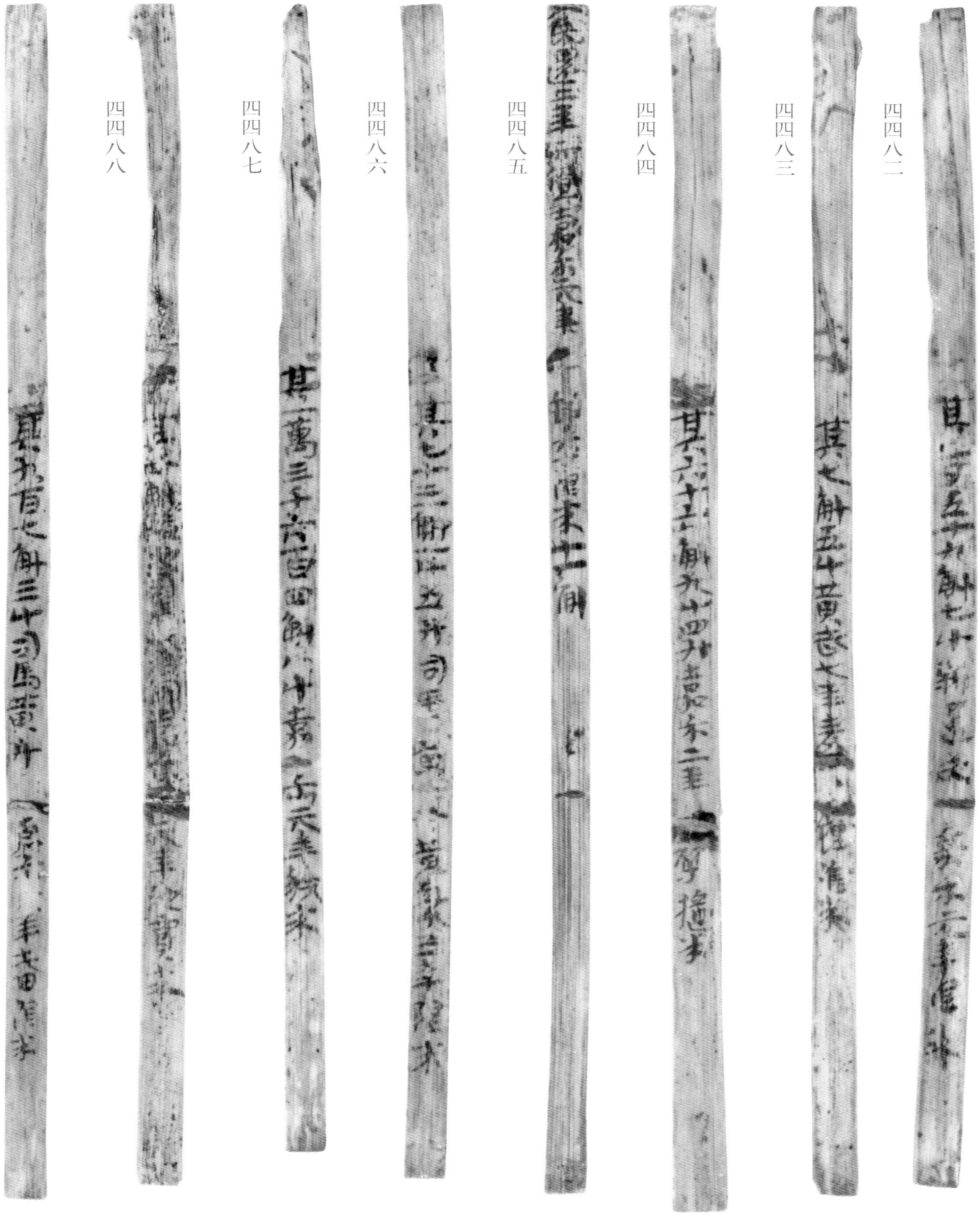

四四八二

四四八三

四四八四

四四八五

四四八六

四四八七

四四八八

四四八九

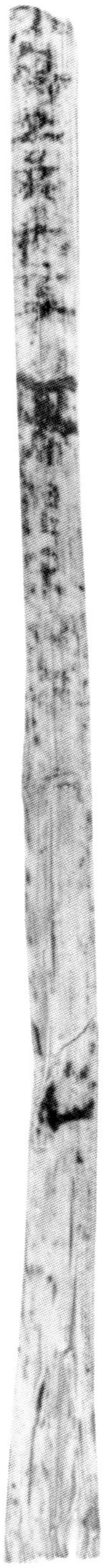

四四九〇

四四九一

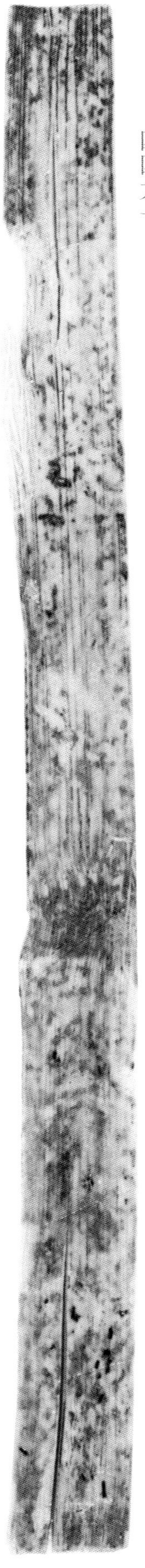

四四九二

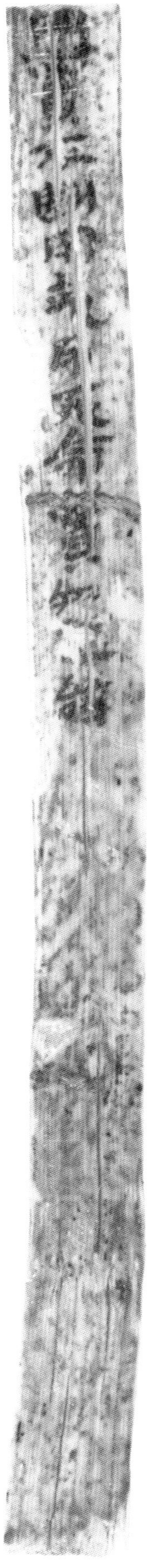

四四九三

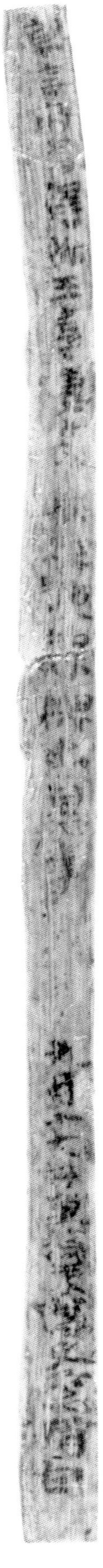

四四九四

四四九五

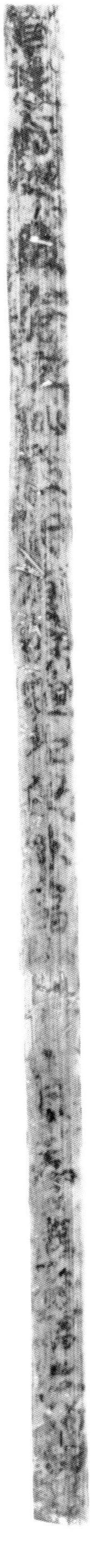

四四九六

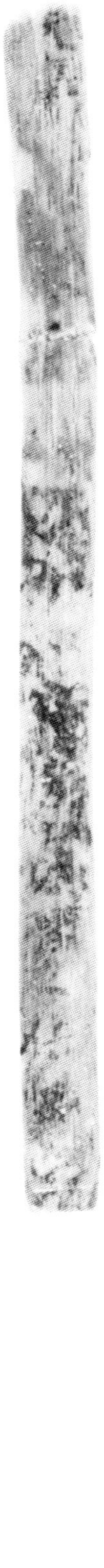

四四九七

四四九八　四四九九　四五〇〇　四五〇一　四五〇二　四五〇三　四五〇四　四五〇五

四五〇六

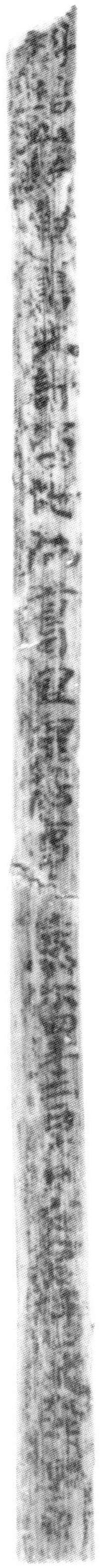
四五〇七

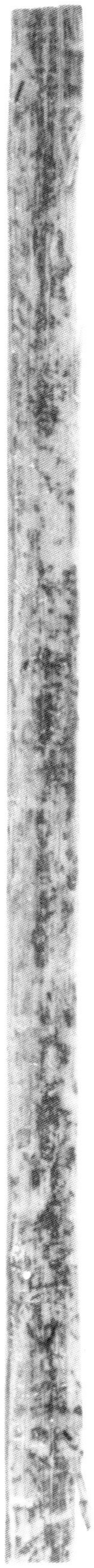
四五〇八

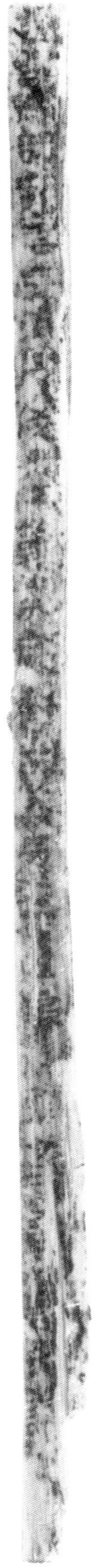
四五〇九

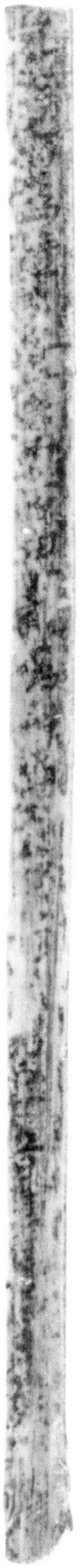
四五一〇

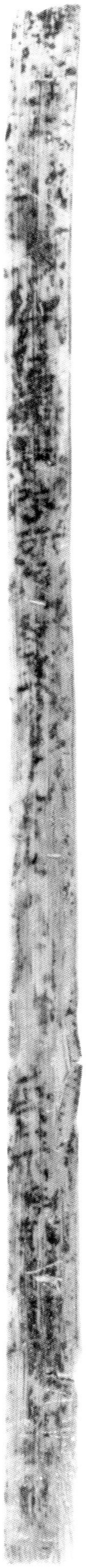
四五一一

四五一二

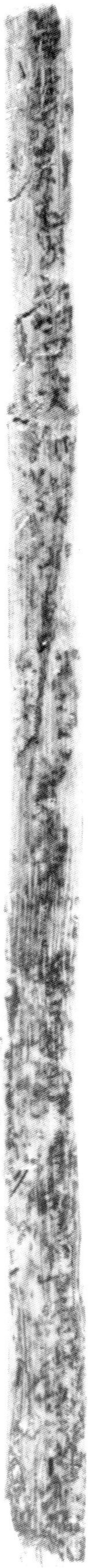
四五一三

四五一四

四五一五

四五一六

四五一七

四五一八

四五一九

四五二〇

四五二一

四五二二

四五二三

四五二四

四五二五

四五二六

四五二七

四五二八

四五二九

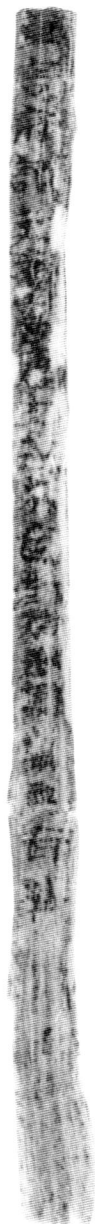

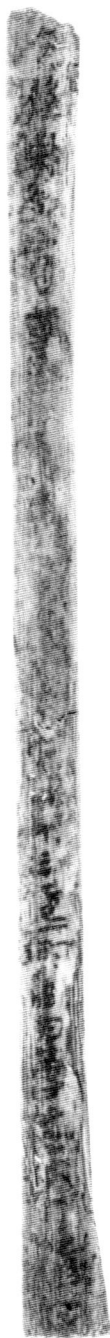

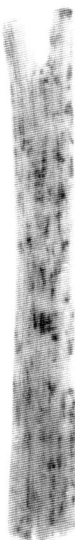

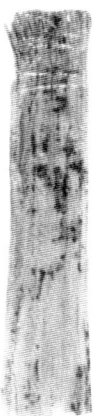

四五三〇　四五三一　四五三二　四五三三　四五三四　四五三五　四五三六　四五三七　四五三八　四五三九　四五四〇　四五四一　四五四二　四五四三　四五四四　四五四五

四五四六　四五四七　四五四八

四五四九　四五五〇

四五五一　四五五二　四五五三

四五五四　四五五五　四五五六

四五五七　四五五八　四五五九

四五六〇　四五六一　四五六二

四五六三　四五六四　四五六五

四五六六　四五六七　四五六八

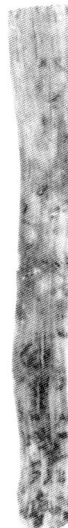

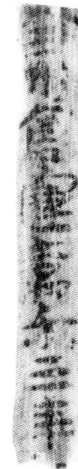

四五六九　四五七〇

四五七一　四五七二

四五七三　四五七四　四五七五

四五七六　四五七七　四五七八

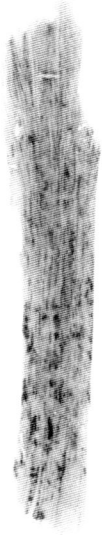

四五七九　四五八〇　四五八一

四五八二　四五八三　四五八四

四五八五　四五八六　四五八七

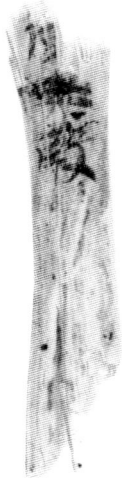

四五八八　四五八九　四五九〇　四五九一

四五九二　四五九三　四五九四　四五九五　四五九六

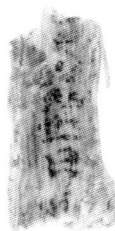

四五九七　四五九八　四五九九

四六〇〇　四六〇一

四六〇二　四六〇三

四六〇四　四六〇五　四六〇六

四六〇七　四六〇八　四六〇九　四六一〇

四六一一　四六一二　四六一三　四六一四

四六一五　四六一六　四六一七　四六一八

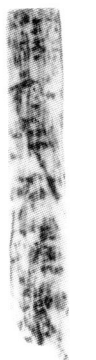

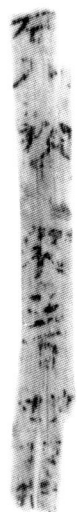

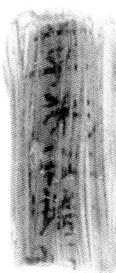

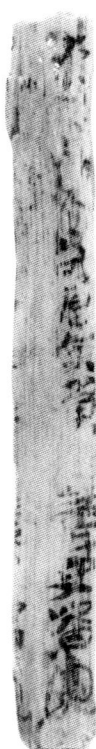

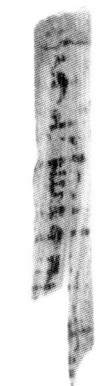

四六一九　四六二〇
四六二一　四六二二
四六二三　四六二四
四六二五　四六二六
四六二七　四六二八　四六二九　四六三〇
四六三一　四六三二
四六三三　四六三四
四六三五　四六三六

四六三七　四六三八

四六三九　四六四〇

四六四一　四六四二　四六四三

四六四四　四六四五

四六四六　四六四七

四六四八　四六五一

四六五〇　四六五二

四六四九　四六五三

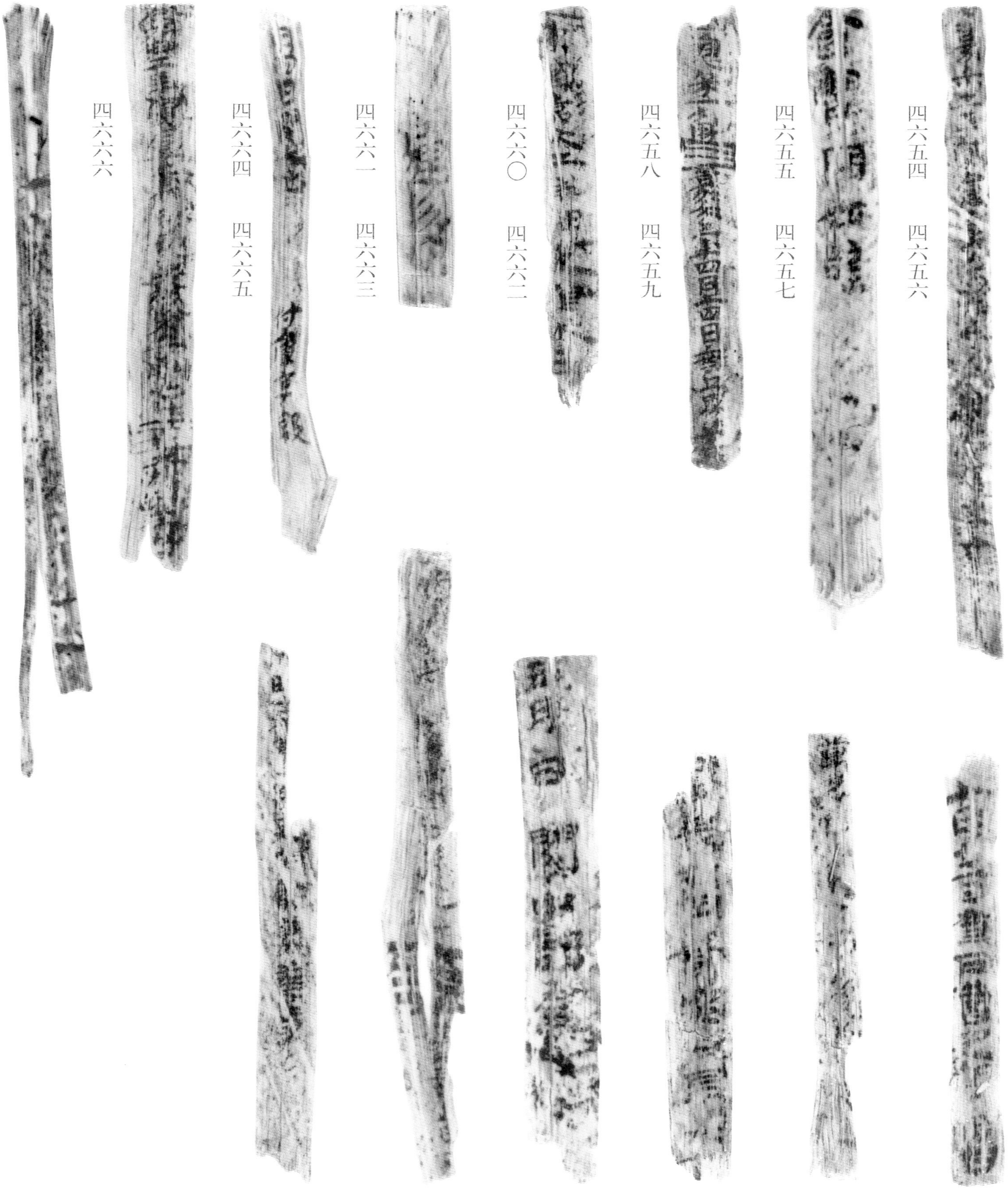

四六五四　四六五六　四六五五　四六五七　四六五八　四六五九　四六六〇　四六六二　四六六一　四六六三　四六六四　四六六五　四六六六　四六六七

四六六八

四六六九　四六七〇

四六七一　四六七二

四六七三　四六七四　四六七五

四六七六　四六七七

四六七八　四六七九

四六八〇　四六八一

四六八二　四六八三　四六八四

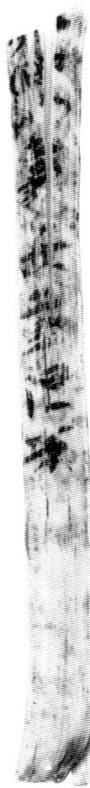

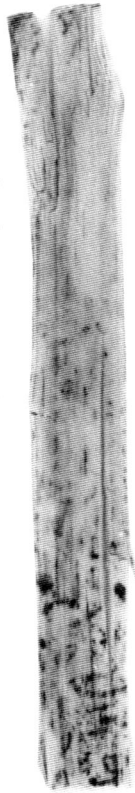

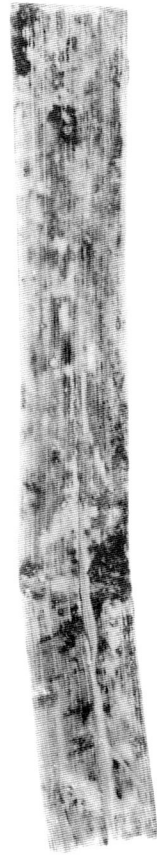

四六八五　四六八六

四六八七　四六八八

四六八九　四六九〇

四六九一　四六九二

四六九三　四六九五

四六九四

四六九六

四六九七　四六九八

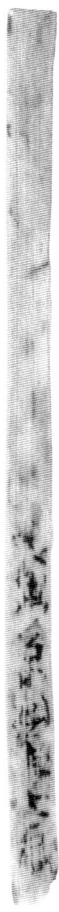

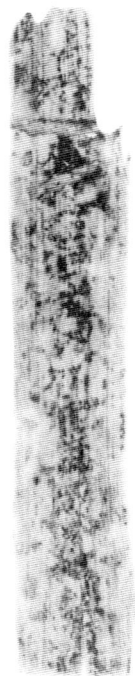

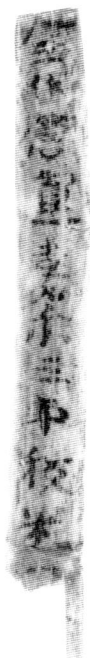

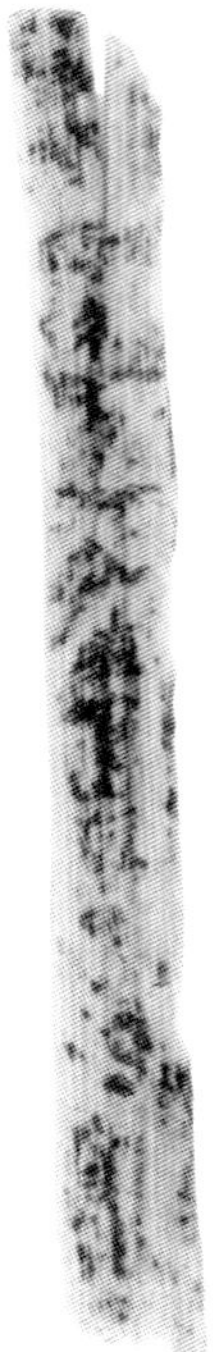
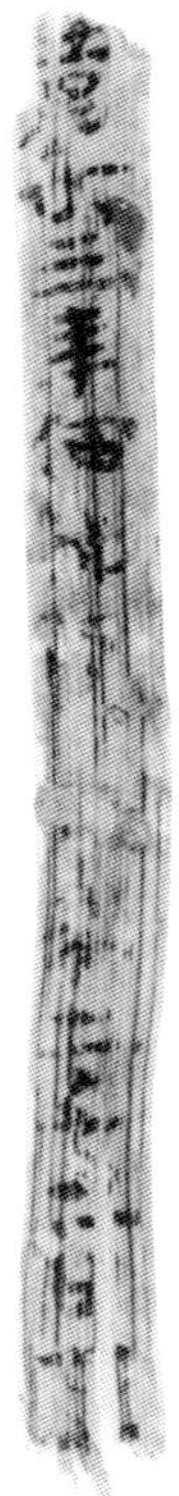

四六九九　四七〇〇

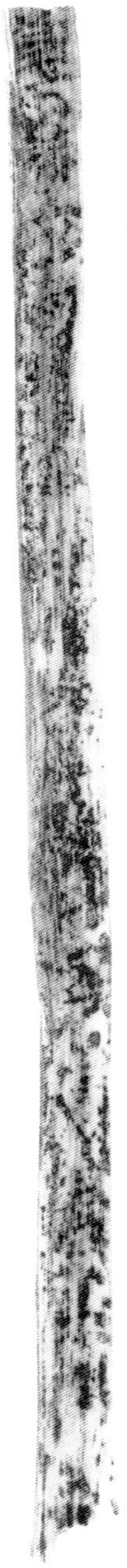

四七〇一

四七〇二

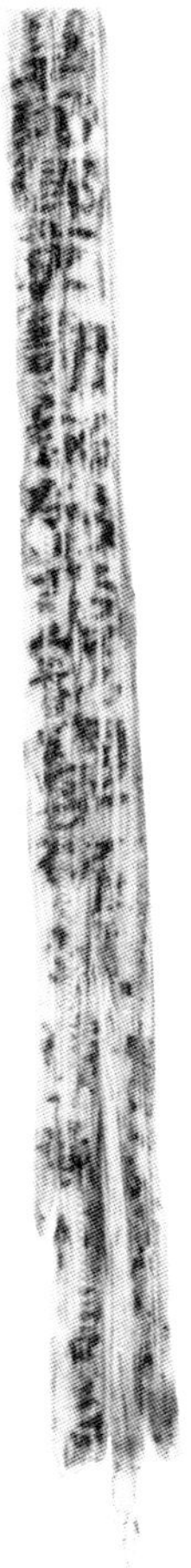

四七〇三

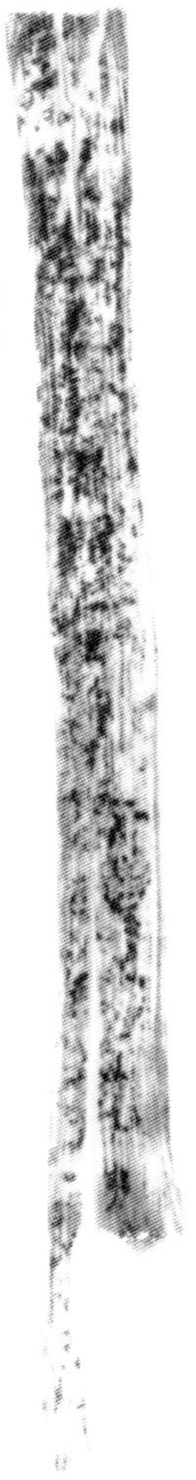

四七〇四

四七〇五（正）

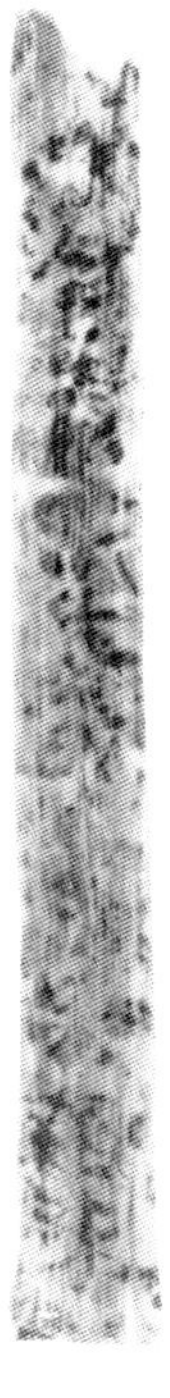

四七〇五（背）　四七〇六

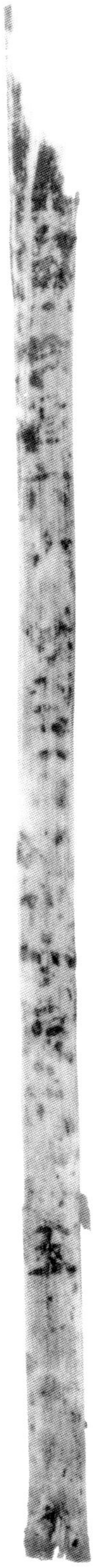

四七〇七

四七〇七（一）正

四七〇七（一）背

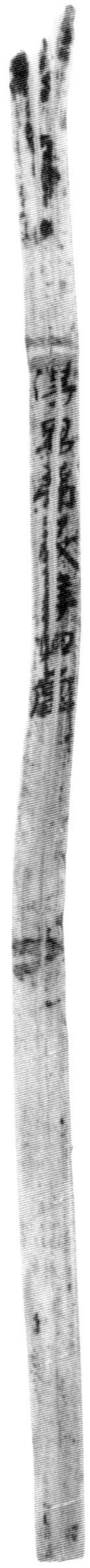

四七〇八

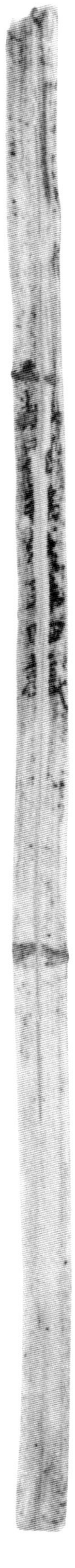

四七〇九

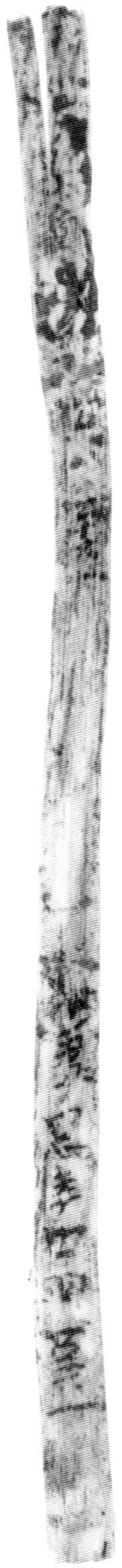

四七一〇

四七一一

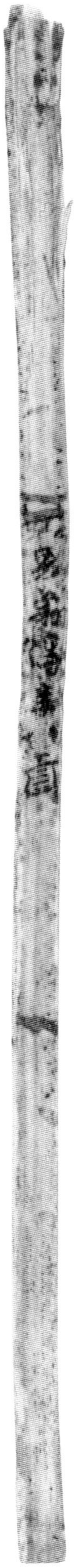

四七一二

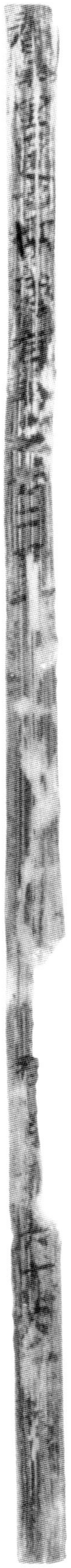

四七一三

四七一四

四七一五

四七一六

四七一七

四七一八

四七一九

四七二〇

四七二一

四七二二

四七二三

四七二四

四七二五

四七二六

四七二七

四七二八

四七二九

四七三〇

四七三一

四七三二

四七三三

四七三四

四七三五

四七三六

四七三七

四七三八

四七三九

四七四〇

四七四一

四七四二

四七四三

四七四四

四七四五

四七四六
四七四七
四七四八
四七四九
四七五〇
四七五一
四七五二
四七五三

四七五四

四七五五

四七五六

四七五七

四七五八

四七五九

四七六〇

四七六一

四七六二

四七六三

四七六四

四七六五

四七六六

四七六七

四七六八

四七六九

四七七〇

四七七一

四七七二

四七七三

四七七四

四七七五

四七七六

四七七七

四七七八 四七七九 四七八〇 四七八一 四七八二 四七八三 四七八四 四七八五

四七八六

四七八七

四七八八

四七八九

四七九〇

四七九一

四七九二

四七九三

四七九四
四七九五
四七九六
四七九七
四七九八
四七九九
四八〇〇
四八〇一

四八〇二

四八〇三

四八〇四

四八〇五

四八〇六

四八〇七

四八〇八

四八〇九

四八一〇
四八一一
四八一二
四八一三
四八一四
四八一五
四八一六
四八一七

四八一八

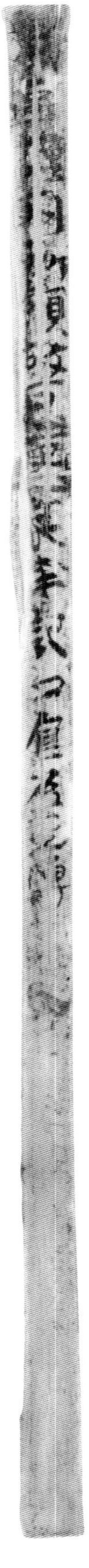

四八一九

四八二〇

四八二〇（一）正

四八二〇（一）背

四八二一

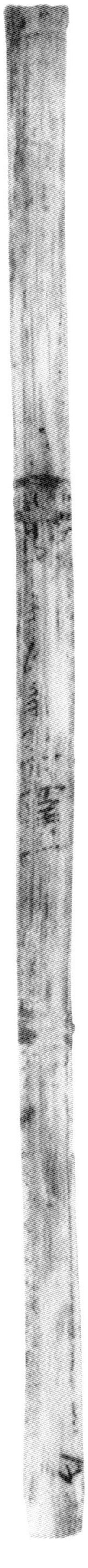

四八二二

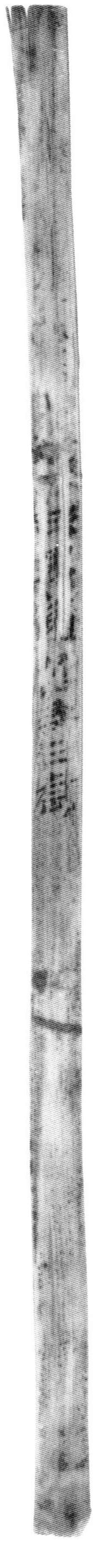

四八二三

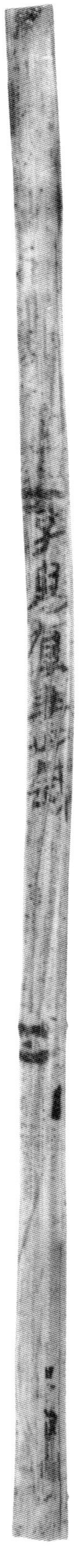

四八二四

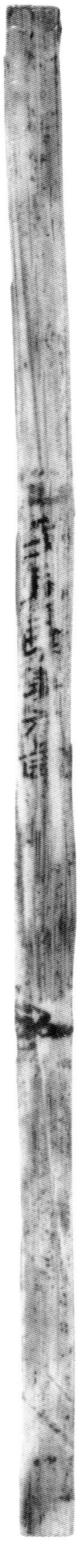

四八二五

四八二六

四八二七

四八二八

四八二九

四八三〇

四八三一

四八三二

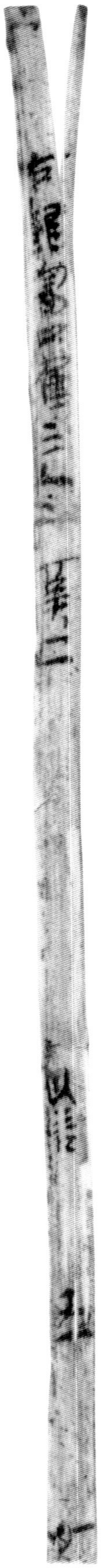
四八三三

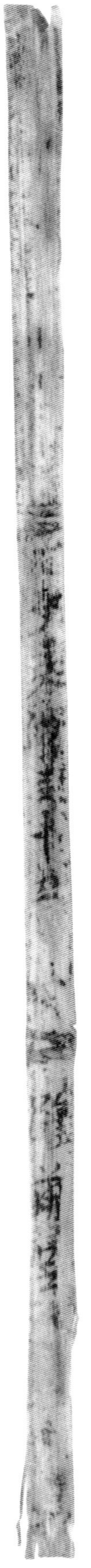
四八三四

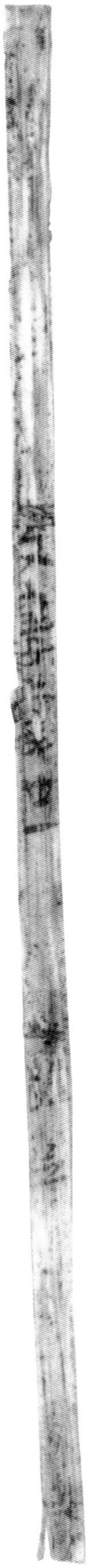
四八三五

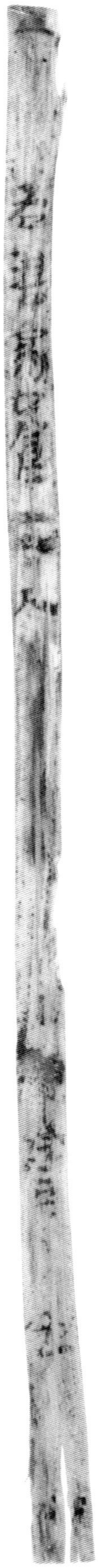
四八三六

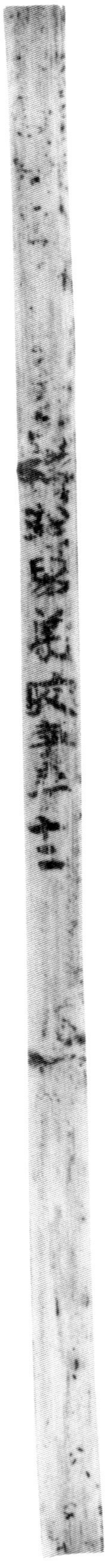
四八三七

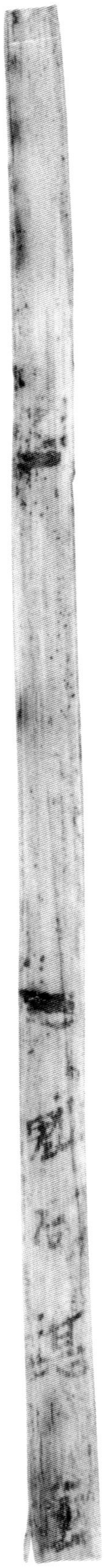
四八三八

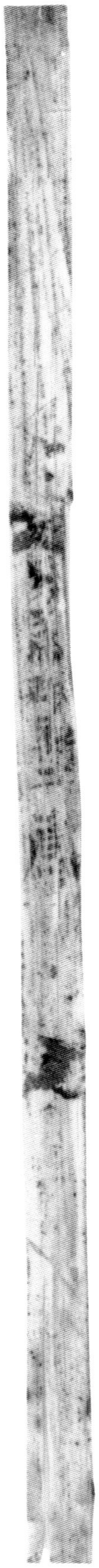
四八三九

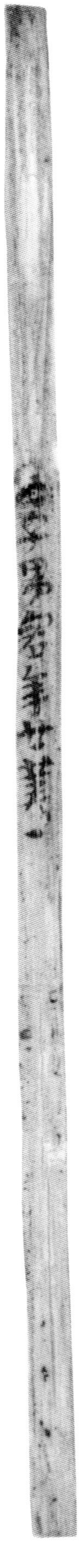
四八四〇

四八四一

四八四二

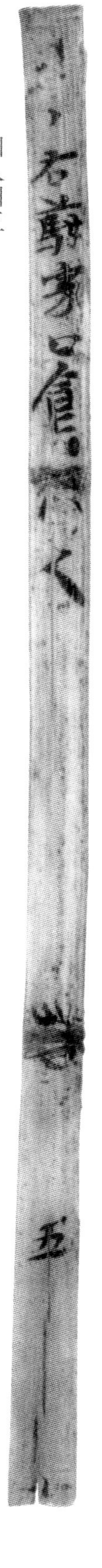
四八四三

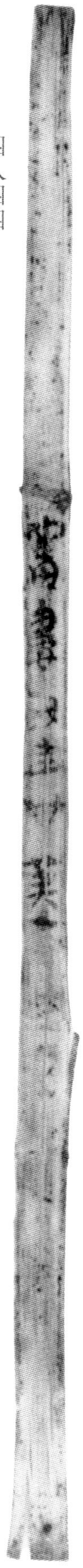
四八四四

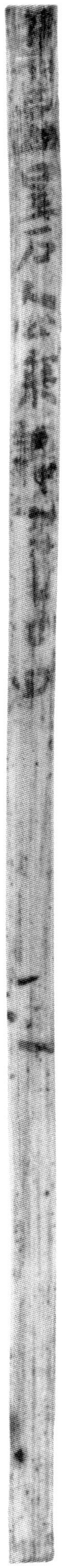
四八四五

四八四六

四八四七

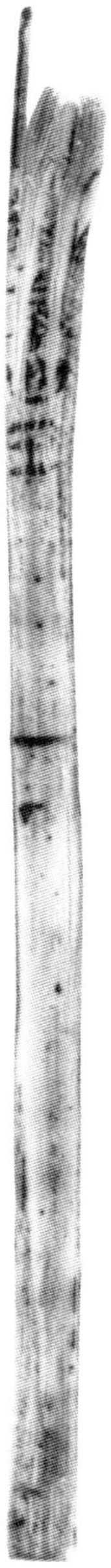
四八四八

四八四九

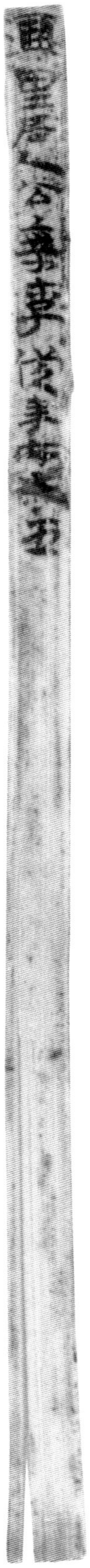
四八五〇

四八五一

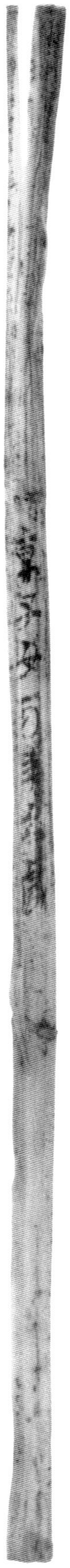
四八五二

四八五三

四八五四

四八五五

四八五六

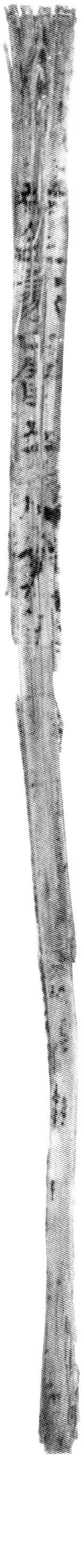

四八五七

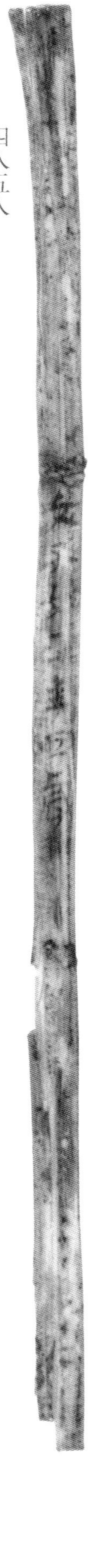

四八五八

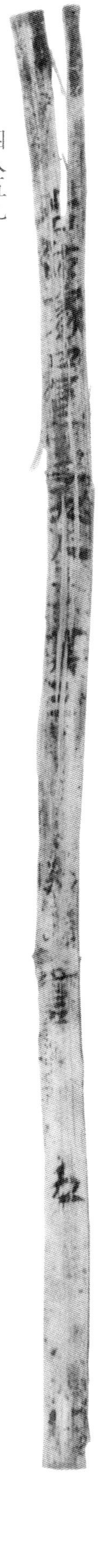

四八五九

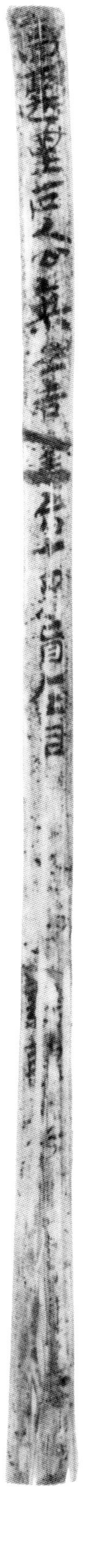

四八六〇

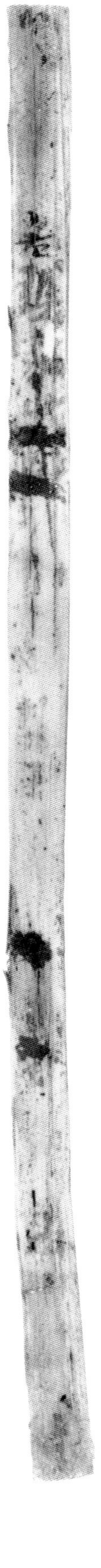

四八六一

四八六二

四八六三

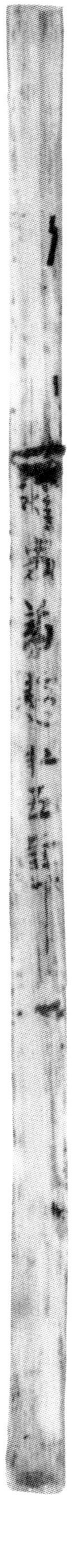

四八六四

四八六五

四八六六

四八六七

四八六八

四八六九

四八七〇

四八七一

四八七二

四八七三

四八七四

四八七五

四八七六

四八七七

四八七八

四八七九

四八八〇

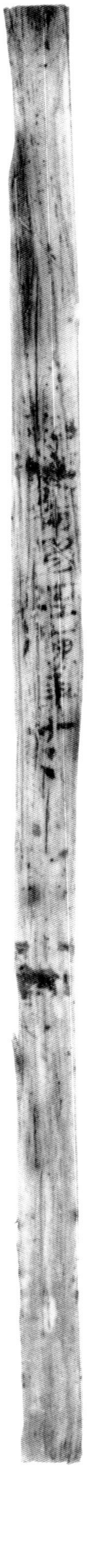
四八八一

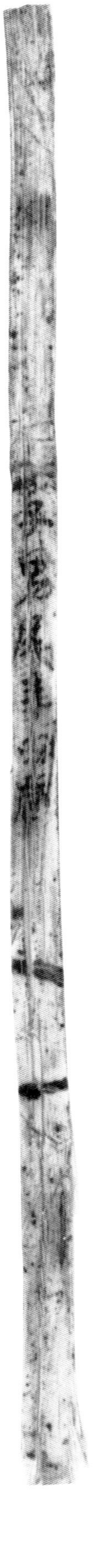
四八八二

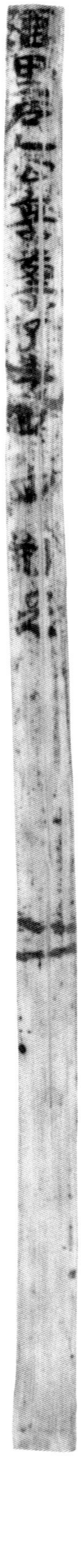
四八八三

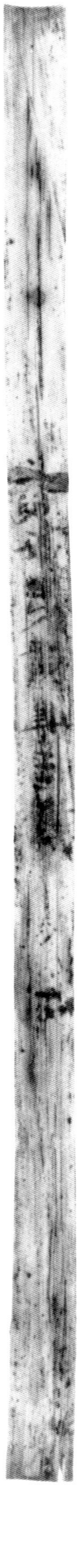
四八八四

四八八五

四八八六

四八八七

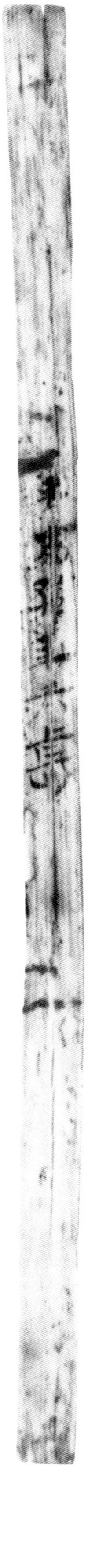
四八八八

四八八九

四八九〇

四八九一

四八九二

四八九三

四八九四

四八九五

四八九六

四八九七

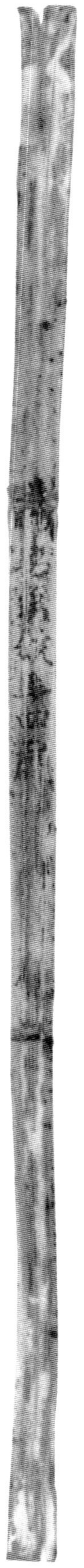

四八九八

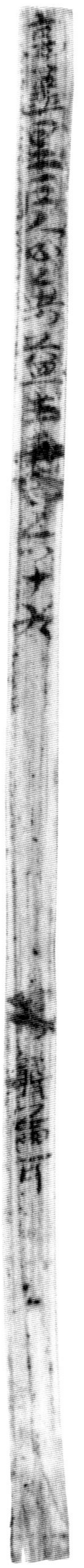

四八九九

四九〇〇

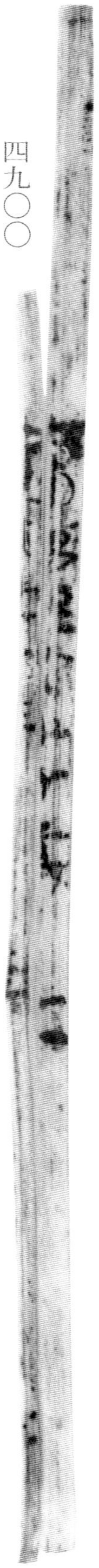

四九〇一

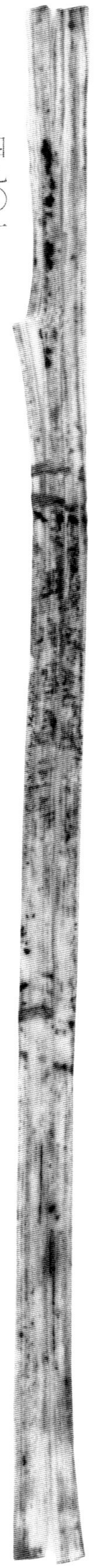

四九〇二

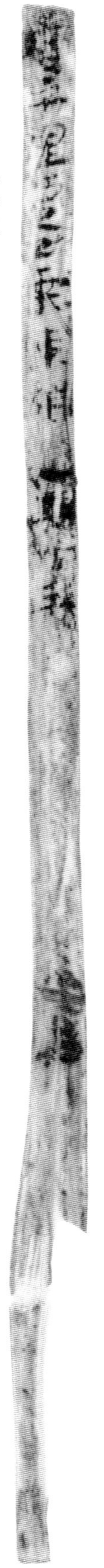

四九〇三

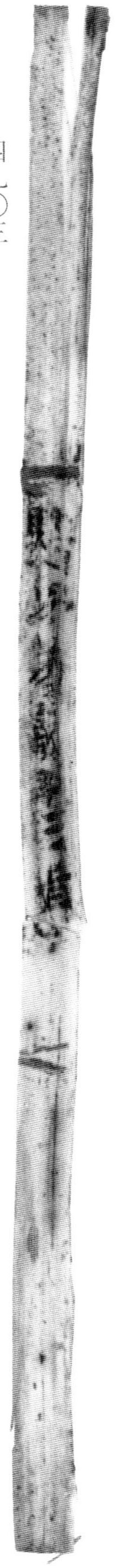

四九〇四

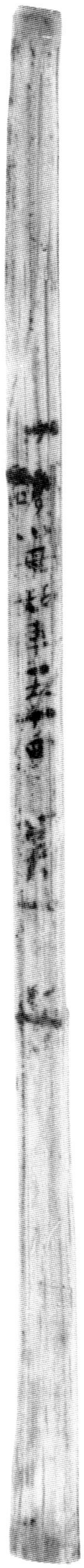

四九〇五 四九〇六 四九〇七 四九〇八 四九〇九 四九一〇 四九一一 四九一二

四九一三

四九一四

四九一五

四九一六

四九一七

四九一八

四九一九

四九二〇

四九二一

四九二二

四九二三

四九二四

四九二五

四九二六

四九二七

四九二八

四九二九

四九三〇

四九三一

四九三二

四九三三

四九三四

四九三五

四九三六

四九三七 四九三八 四九三九 四九四〇 四九四一 四九四二 四九四三 四九四四

四九四五

四九四六

四九四七

四九四八

四九四九

四九五〇

四九五一

四九五二

四九五三

四九五四

四九五五

四九五六

四九五七

四九五八

四九五九

四九六〇

四九六一

四九六二

四九六三

四九六四

四九六五

四九六六

四九六七

四九六八

四九六九

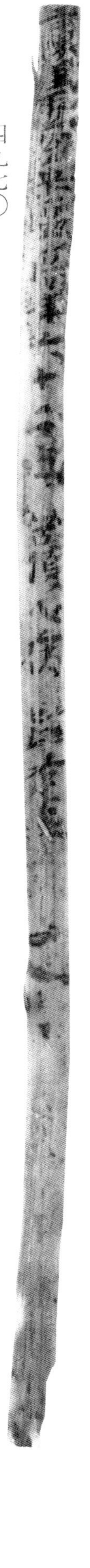
四九七〇

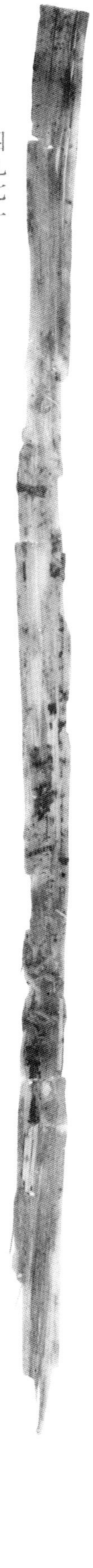
四九七一

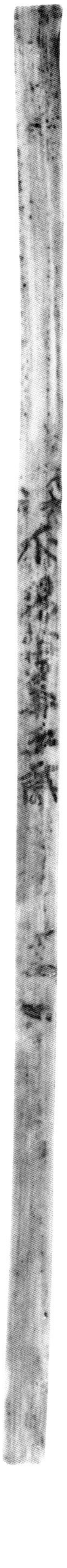
四九七二

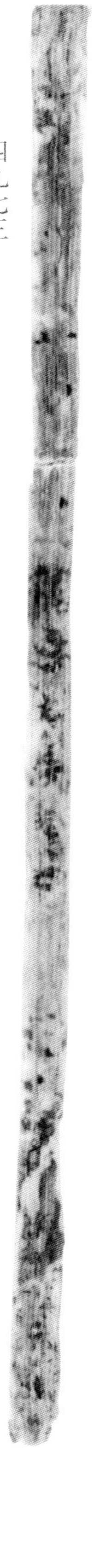
四九七三

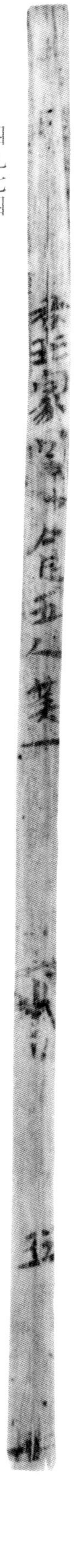
四九七四

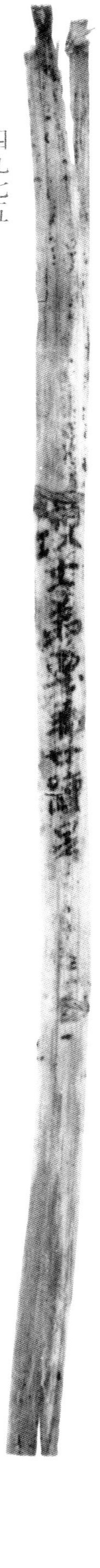
四九七五

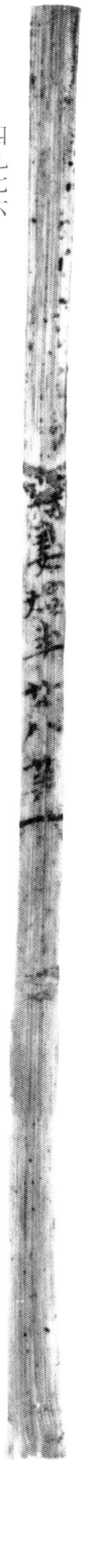
四九七六

四九七七

四九七八

四九七九

四九八〇

四九八一

四九八二

四九八三

四九八四

四九八五

四九八六

四九八七

四九八八

四九八九

四九九〇

四九九一

四九九二

四九九三

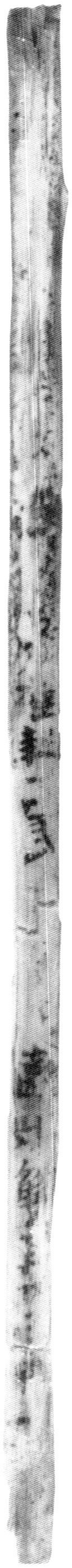

四九九四

四九九五

四九九六

四九九七

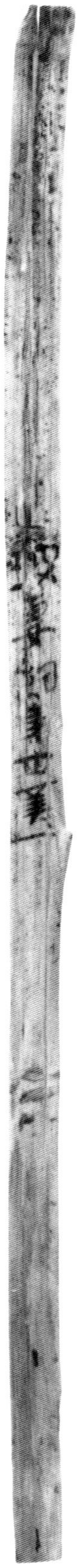

四九九八

四九九九

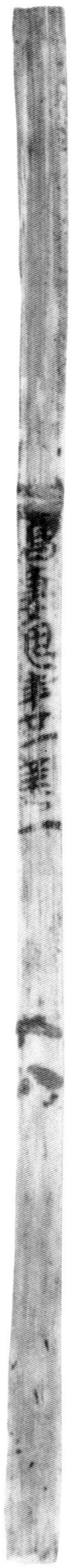

五〇〇〇

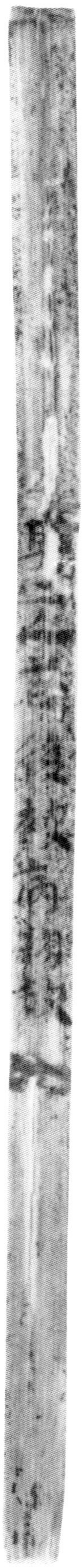

五〇〇一

五〇〇二

五〇〇三

五〇〇四

五〇〇五

五〇〇六

五〇〇七

五〇〇八

五〇〇九

五〇一〇

五〇一一

五〇一二

五〇一三

五〇一四

五〇一五

五〇一六

五〇一七
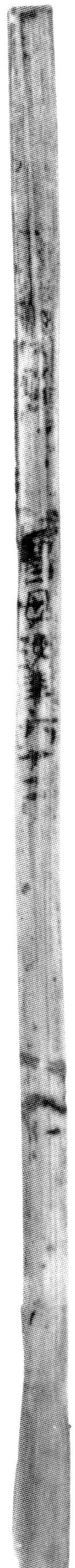

五〇一八
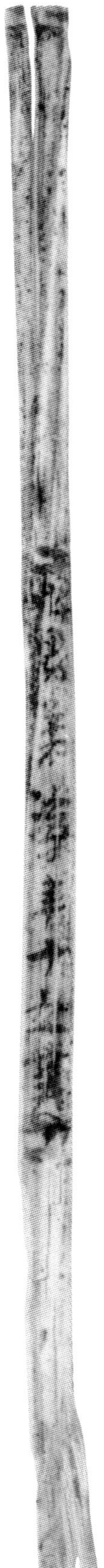

五〇一九
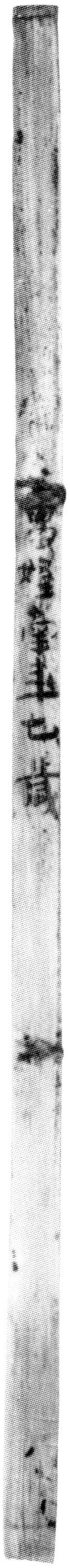

五〇二〇
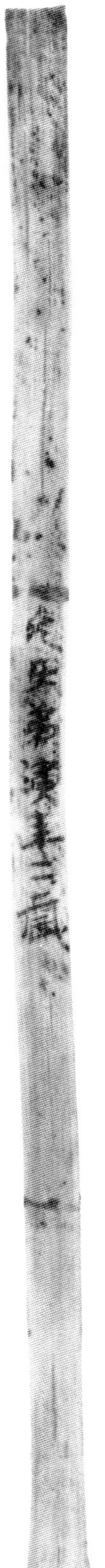

五〇二一
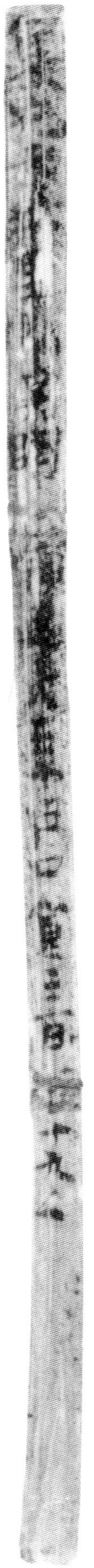

五〇二二
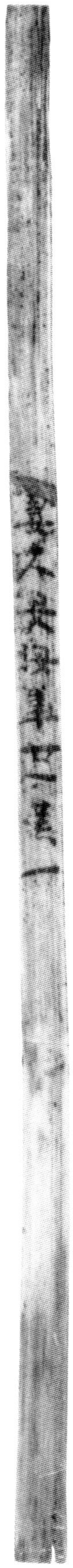

五〇二三
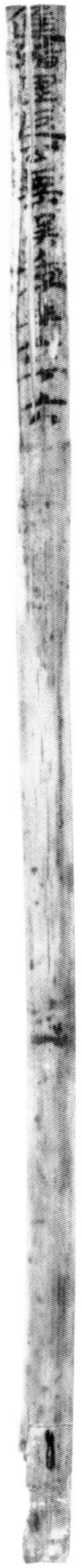

五〇二四

五〇二五

五〇二六

五〇二七

五〇二八

五〇二九

五〇三〇

五〇三一

五〇三二

五〇三三

五〇三四

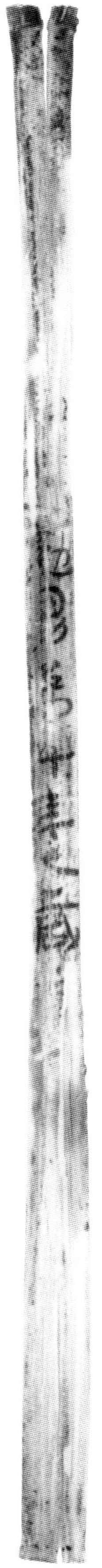
五〇三五

五〇三六

五〇三七

五〇三八

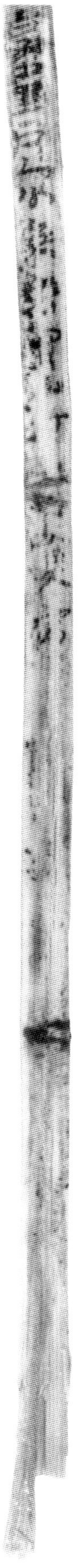
五〇三九

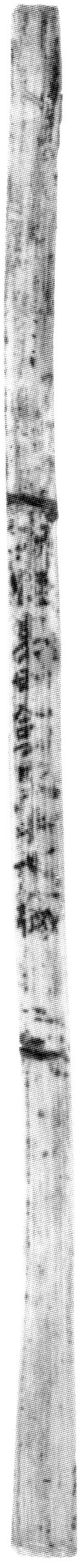
五〇四〇

五〇四一

五〇四二

五〇四三

五〇四四

五〇四五

五〇四六

五〇四七

五〇四八

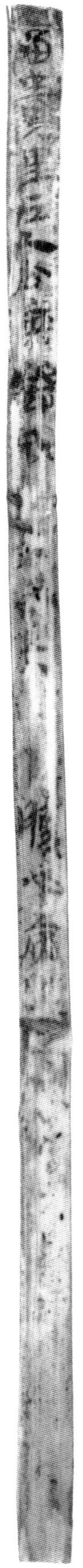
五〇四九

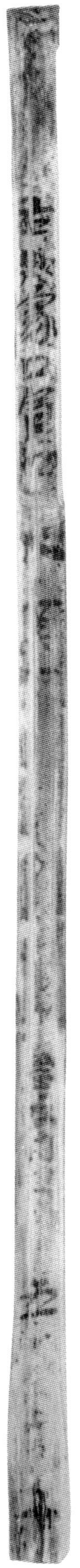
五〇五〇

五〇五一

五〇五二

五〇五三

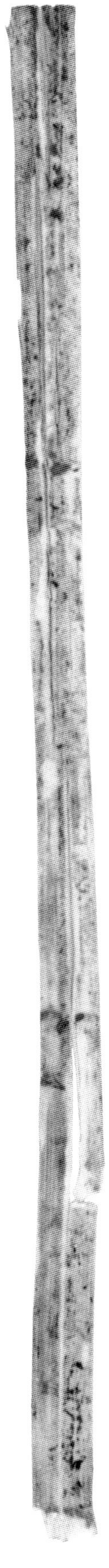
五〇五四

五〇五五

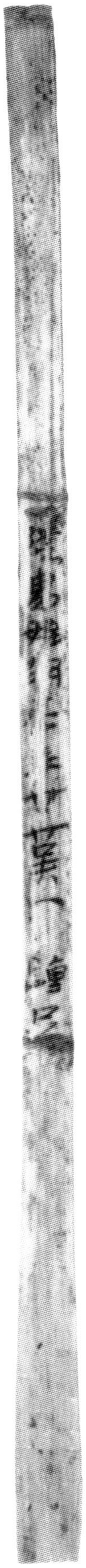
五〇五六

五〇五七

五〇五八

五〇五九

五〇六〇

五〇六一

五〇六二

五〇六三

五〇六四

五〇六五

五〇六六

五〇六七

五〇六八

五〇六九

五〇七〇

五〇七一

五〇七二

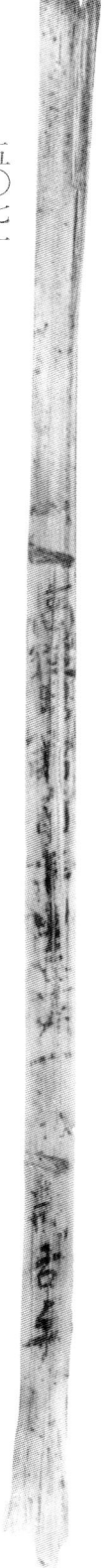

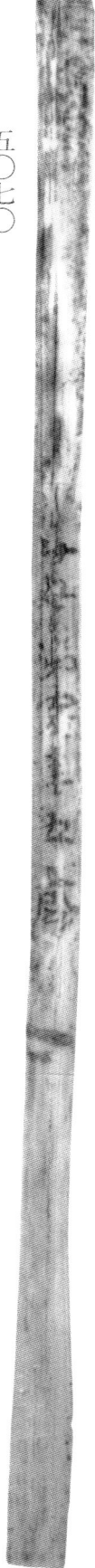

五〇七三

五〇七四

五〇七五

五〇七六

五〇七七

五〇七八

五〇七九

五〇八〇

五〇八一

五〇八二

五〇八三

五〇八四

五〇八五

五〇八六

五〇八七

五〇八八

五〇八九

五〇九〇

五〇九一

五〇九二

五〇九三

五〇九四

五〇九五

五〇九六

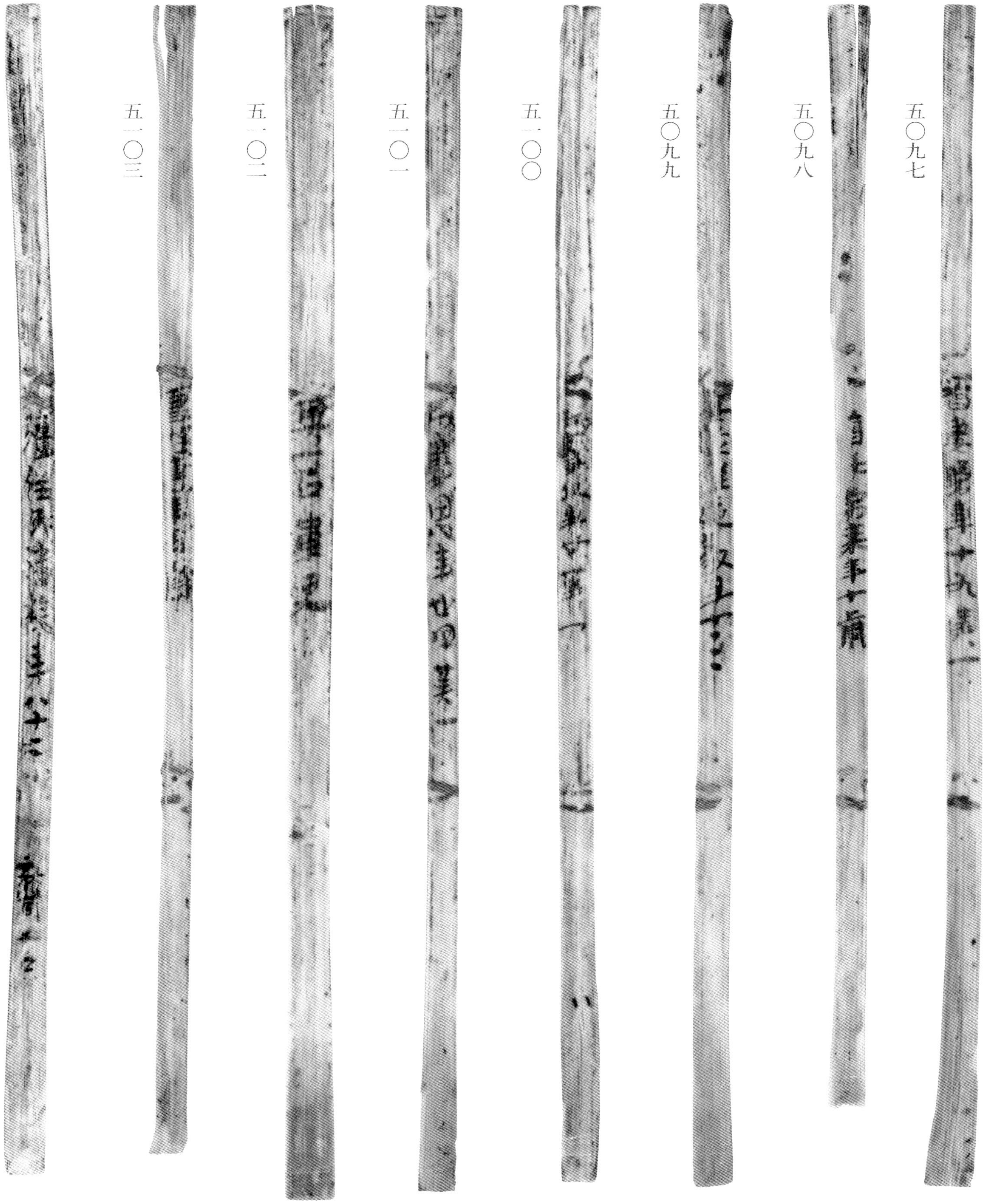

五〇九七

五〇九八

五〇九九

五一〇〇

五一〇一

五一〇二

五一〇三

五一〇四

五一〇五

五一〇六

五一〇七

五一〇八

五一〇九

五一一〇

五一一一

五一一二

五一一三

五一一四

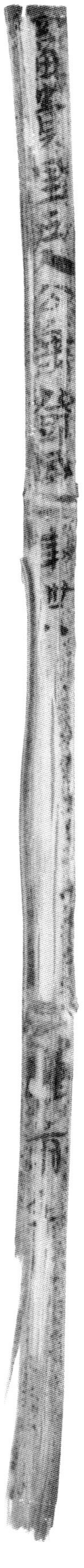
五一一五

五一一六

五一一七

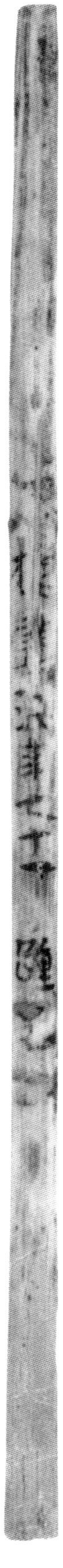
五一一八

五一一九

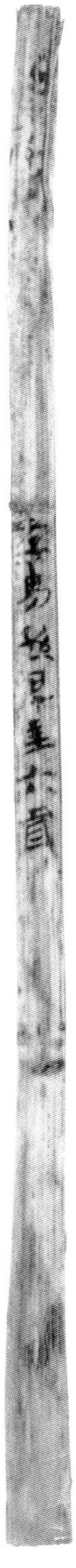
五一二〇

五一二一

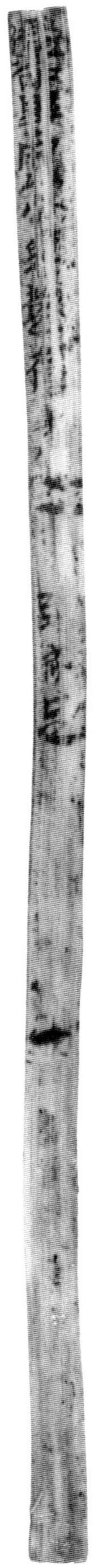

五一二二

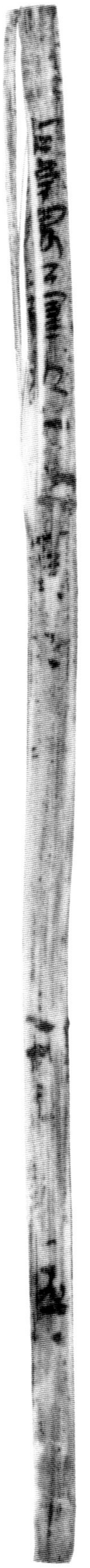

五一二三

五一二四

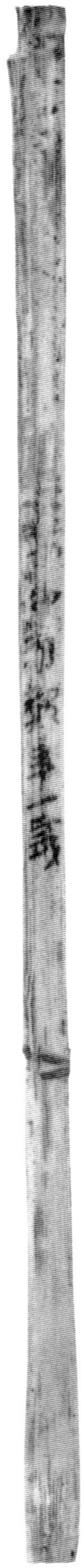

五一二五

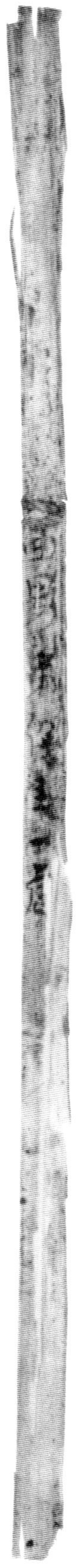

五一二六

五一二七

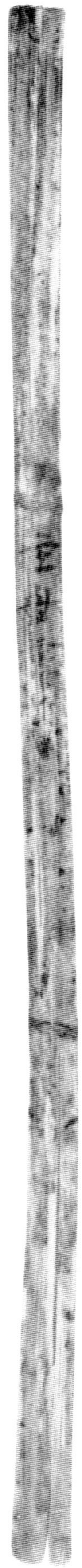

五一二八

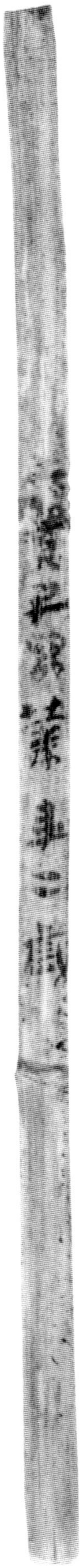

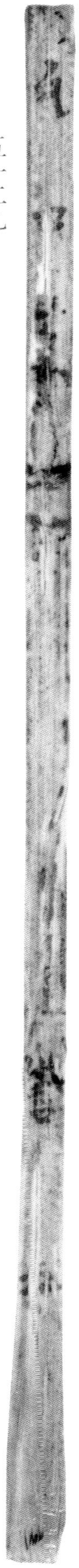
五一二九

五一三〇

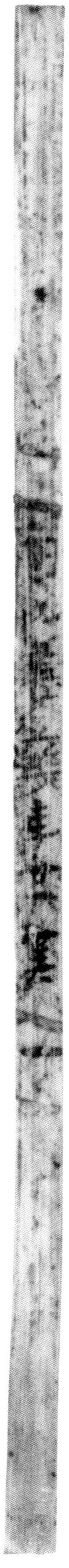
五一三一

五一三二

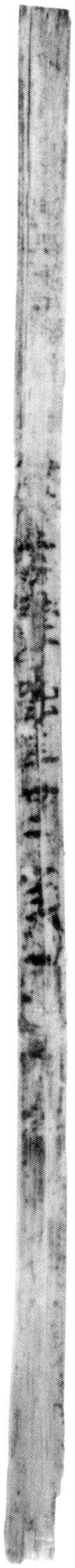
五一三三

五一三四

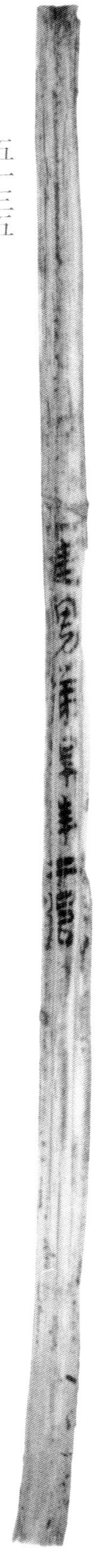
五一三五

五一三六

五一三七

五一三八

五一三九

五一四〇

五一四一

五一四二

五一四三

五一四四

五一四五

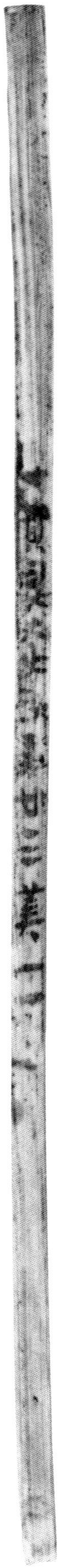

五一四六

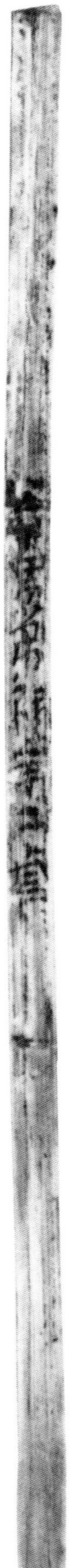

五一四七

五一四八

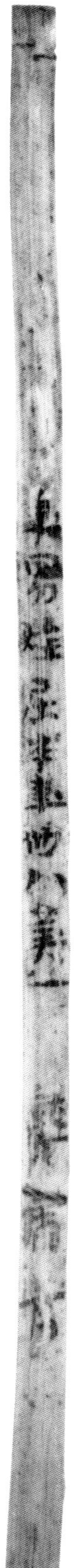

五一四九

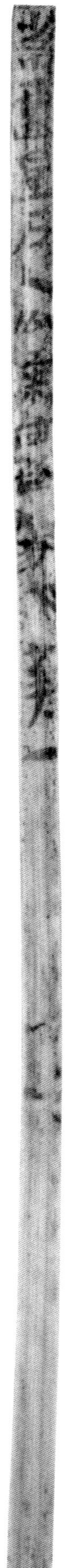

五一五〇

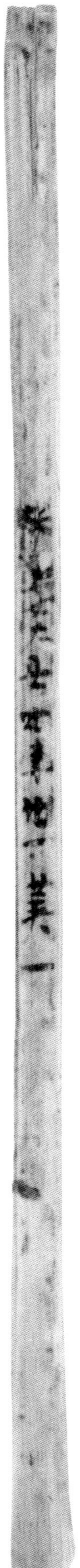

五一五一

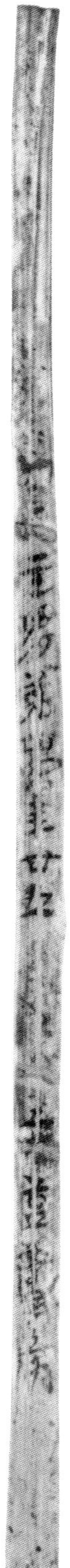

五一五二

五一五三

五一五四

五一五五

五一五六

五一五七

五一五八

五一五九

五一六〇

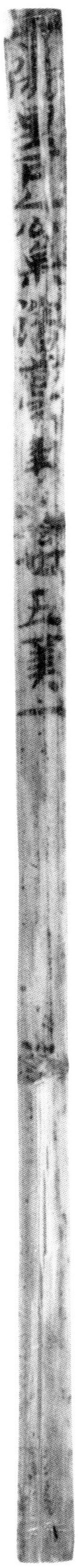

五一六一

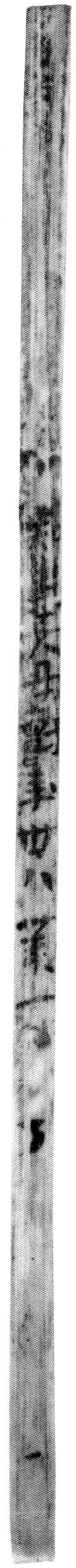

五一六二

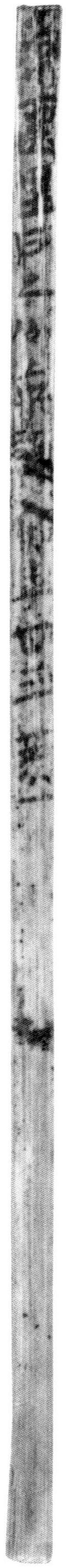

五一六三

五一六四

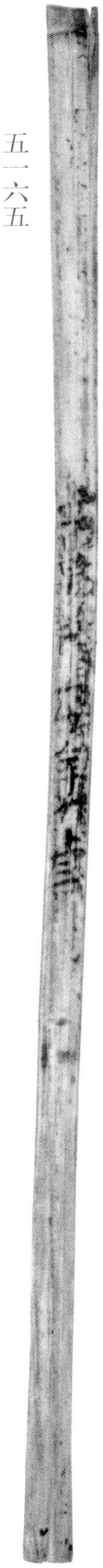

五一六五

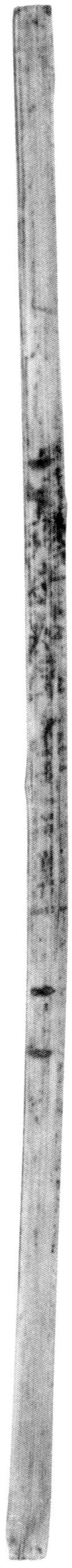

五一六六

五一六七

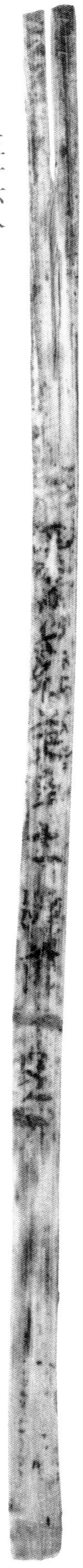

五一六八

五一六九

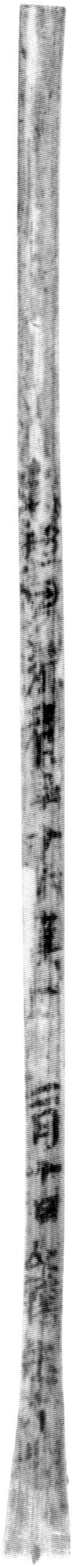
五一七〇

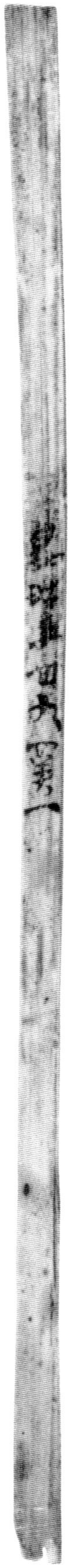
五一七一

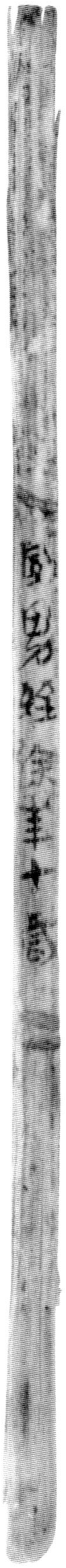
五一七二

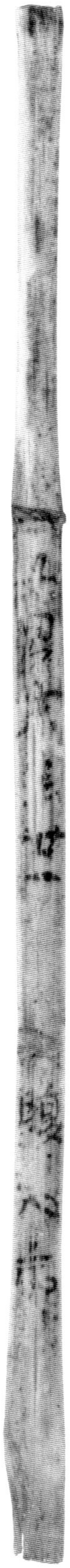
五一七三

五一七四

五一七五

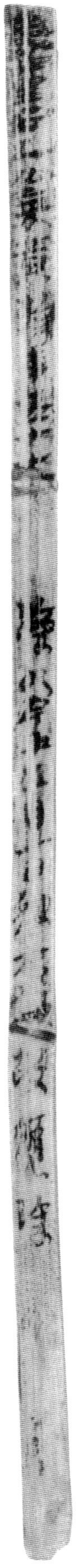
五一七六

五一七七

五一七八

五一七九

五一八〇

五一八一

五一八二

五一八三

五一八四

五一八五

五一八六

五一八七

五一八八

五一八九

五一九〇

五一九一

五一九二

五一九三

五一九四

五一九五

五一九六

五一九七

五一九八

五一九九

五二〇〇

五二〇一
五二〇二
五二〇三
五二〇四
五二〇五
五二〇六
五二〇七
五二〇八

五二〇九

五二一〇

五二一一

五二一二

五二一三

五二一四

五二一五

五二一六

五二一七
五二一八
五二一九
五二二〇
五二二一
五二二二
五二二三
五二二四

五二二五

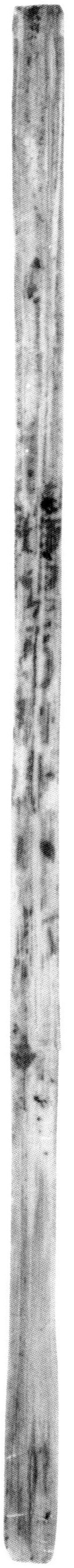

五二二六

五二二七

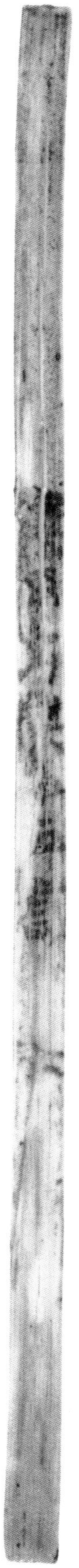

五二二八

五二二九

五二三〇

五二三一

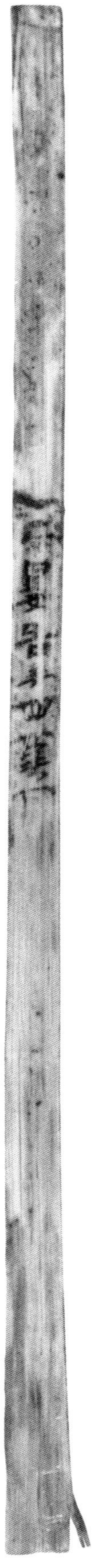

五二三二

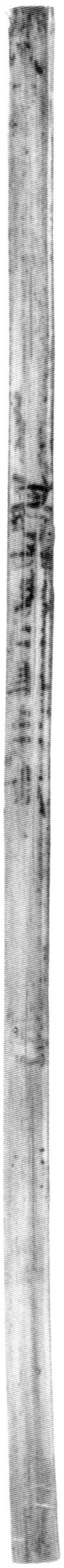
五二三三

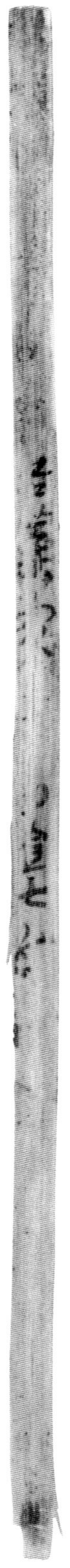
五二三四

五二三五

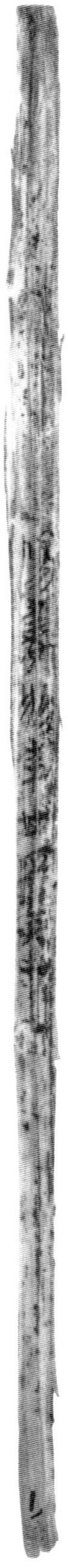
五二三六

五二三七

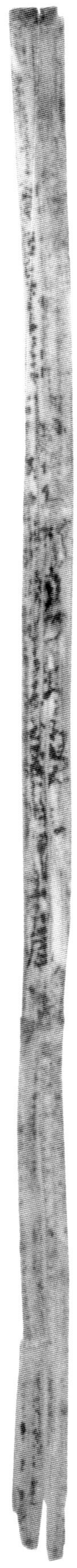
五二三八

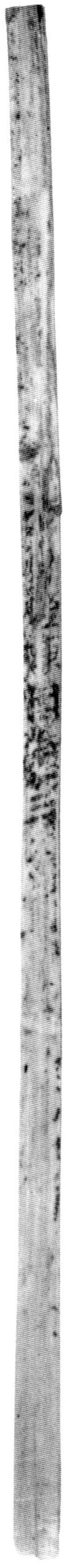
五二三九

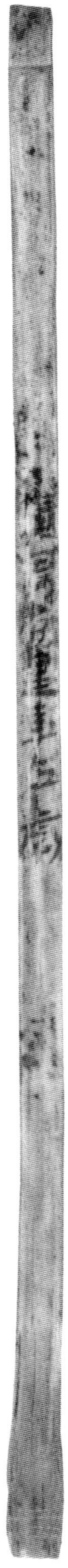
五二四〇

五二四一

五二四二

五二四三

五二四四

五二四五

五二四六

五二四七

五二四八

五二四九

五二五〇

五二五一

五二五二

五二五三

五二五四

五二五五

五二五六

五二五七

五二五八

五二五九

五二六〇

五二六一

五二六二

五二六三

五二六四

五二六五 五二六六 五二六七 五二六八 五二六九 五二七〇 五二七一 五二七二

五二七三

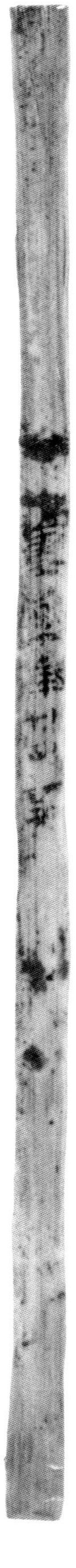

五二七四

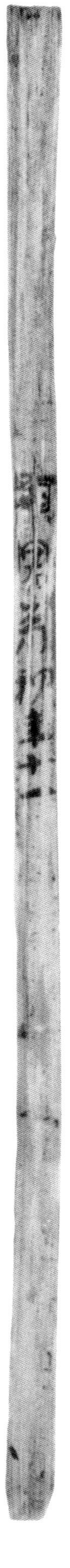

五二七五

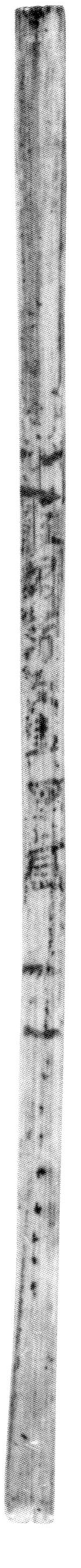

五二七六

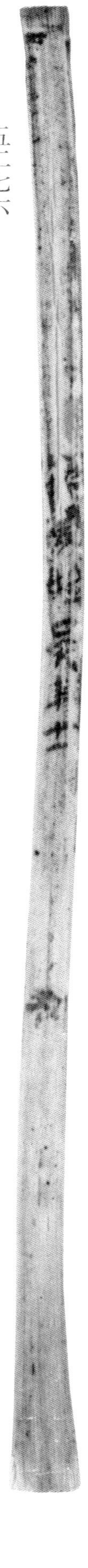

五二七七

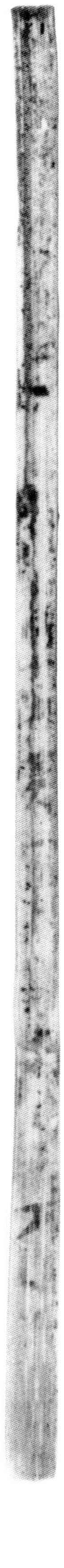

五二七八

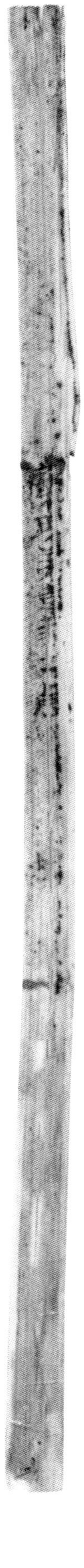

五二七九

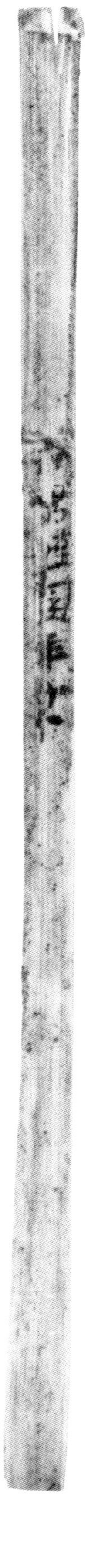

五二八〇

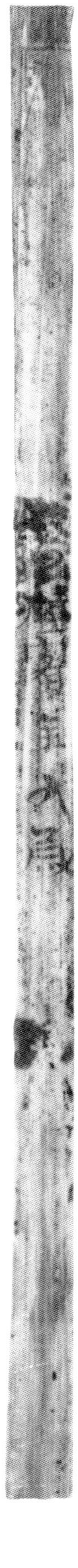

五二八一

五二八二

五二八三

五二八四

五二八五

五二八六

五二八七

五二八八

五二八九

五二九〇

五二九一

五二九二

五二九三

五二九四

五二九五

五二九六

五二九七

五二九八

五二九九

五三〇〇

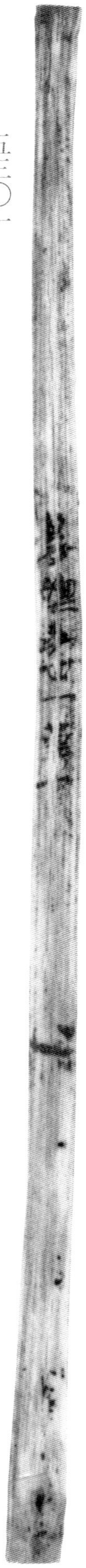

五三〇一

五三〇二

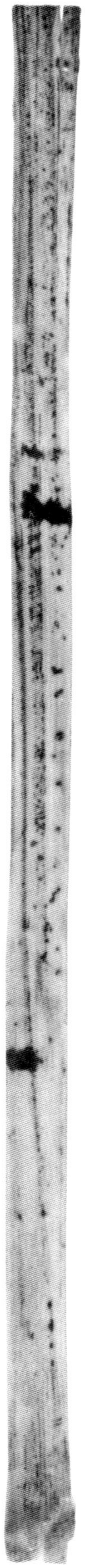

五三〇三

五三〇四

五三〇五

五三〇六

五三〇七

五三〇八

五三〇九

五三一〇

五三一一

五三一二

五三一三

五三一四

五三一五

五三一六

五三一七

五三一八

五三一九

五三二〇

五三二一
五三二二
五三二三
五三二四
五三二五
五三二六
五三二七
五三二八

五三二九

五三三〇

五三三一

五三三二

五三三三

五三三四

五三三五

五三三六

五三三七

五三三八

五三三九

五三四〇

五三四一

五三四二

五三四三

五三四四

五三四五

五三四六

五三四七

五三四八

五三四九

五三五〇

五三五一

五三五二

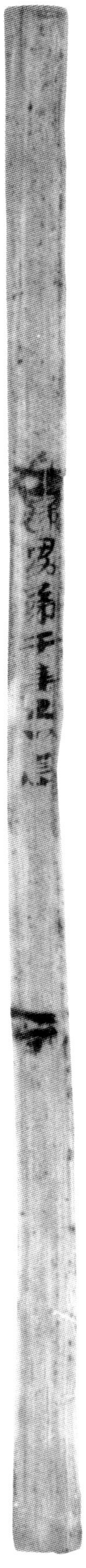
五三五三

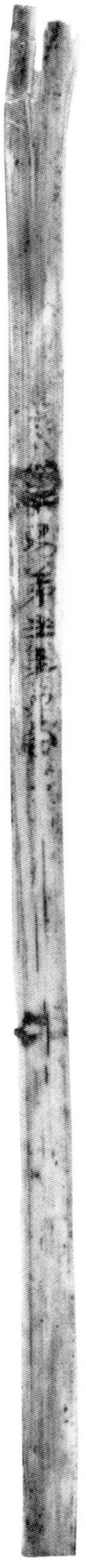
五三五四

五三五五

五三五六

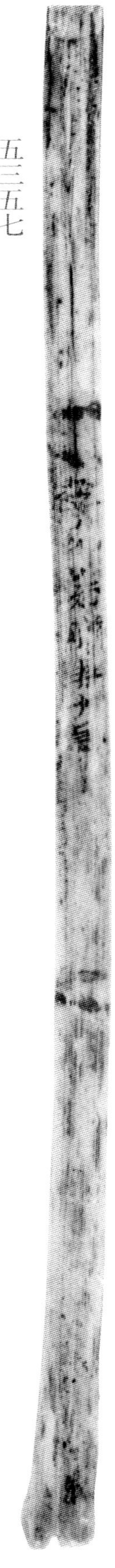
五三五七

五三五八

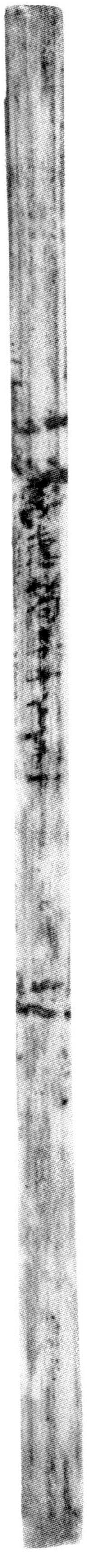
五三五九

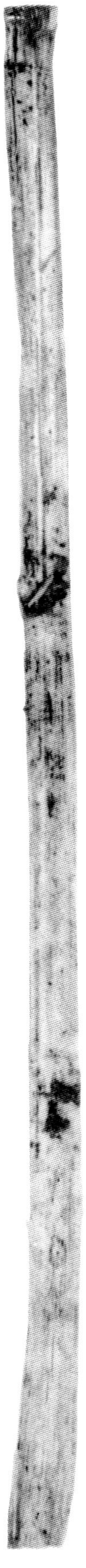
五三六〇

五三六一

五三六二

五三六三

五三六四

五三六五

五三六六

五三六七

五三六八

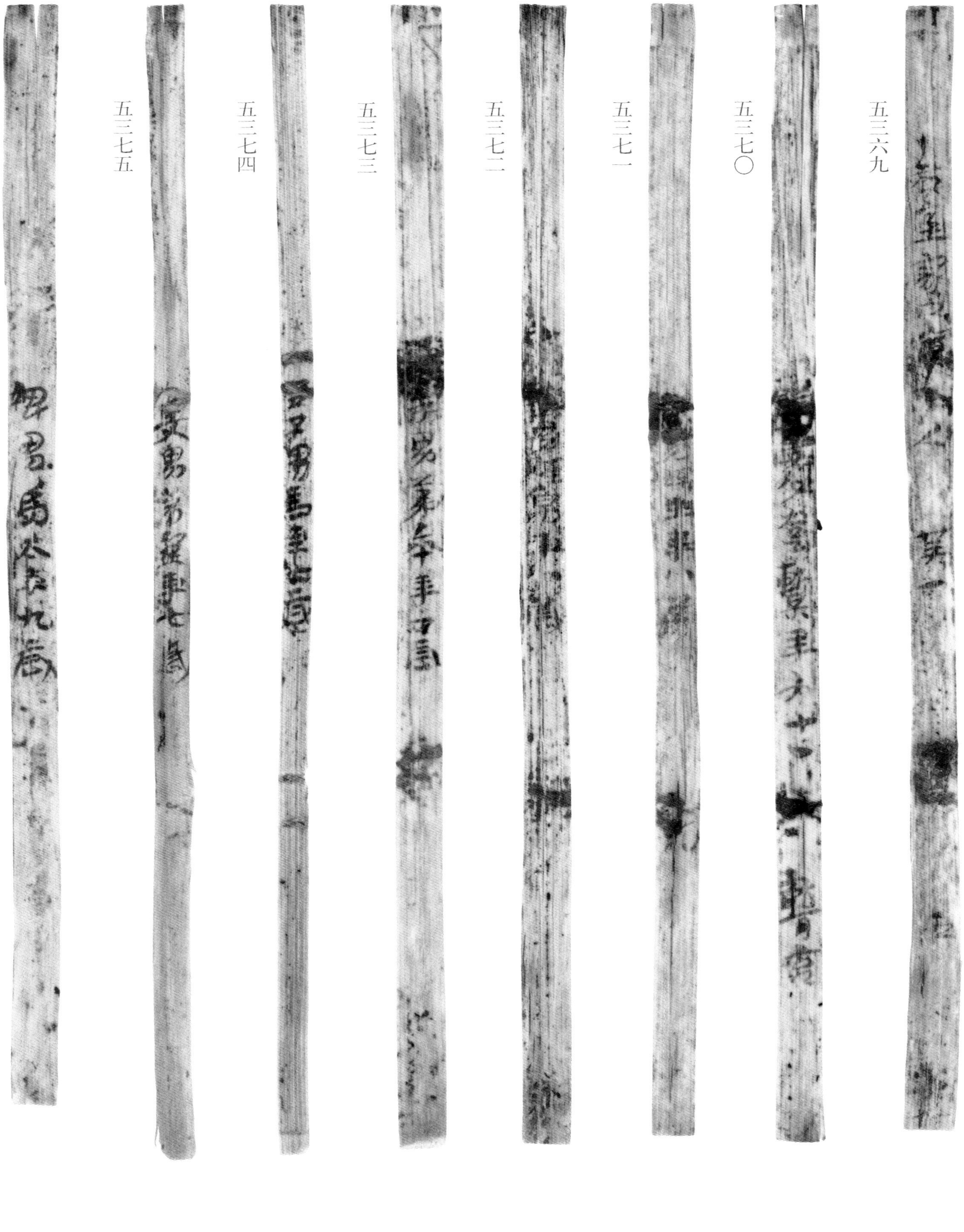

五三六九
五三七〇
五三七一
五三七二
五三七三
五三七四
五三七五
五三七六

五三八四 五三八三 五三八二 五三八一 五三八〇 五三七九 五三七八 五三七七

五三八五

五三八六

五三八七

五三八八

五三八九

五三九〇

五三九一

五三九二

五三九三（正）

五三九三（背）

五三九四

五三九五

五三九六（正）

五三九六（背）

五三九七

五三九八

五三九九

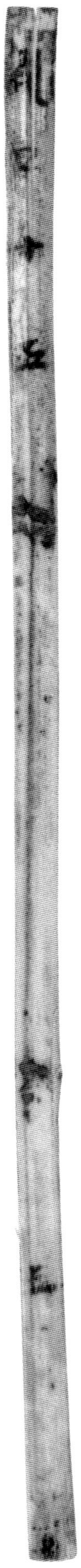

五四〇〇

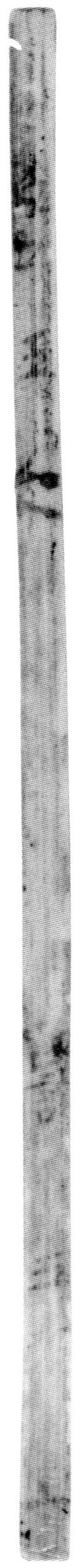

五四〇一

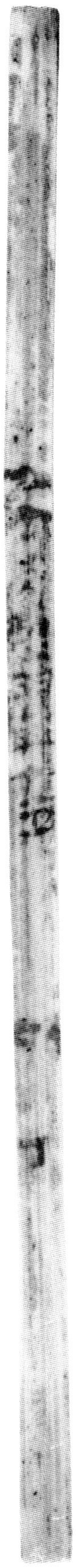

五四〇二

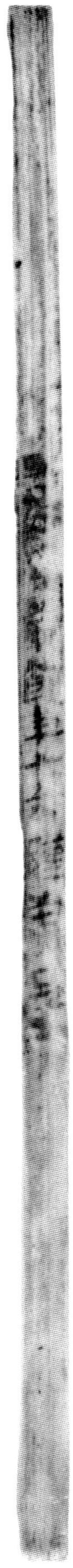

五四〇三

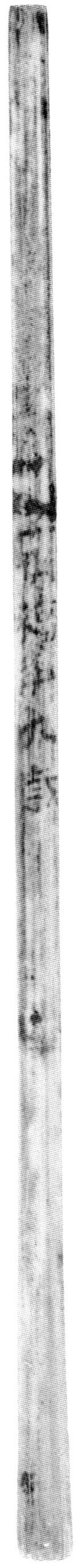

五四〇四

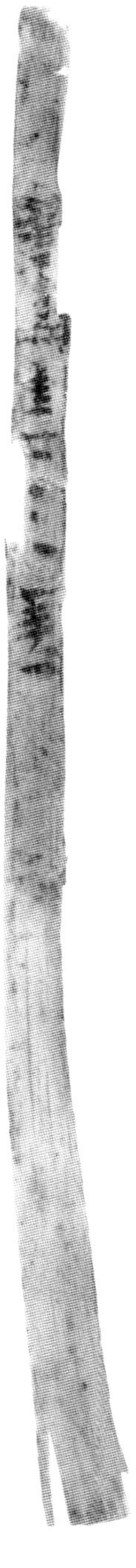

五四〇五

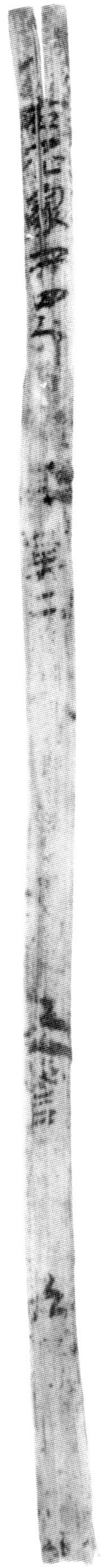

五四〇六

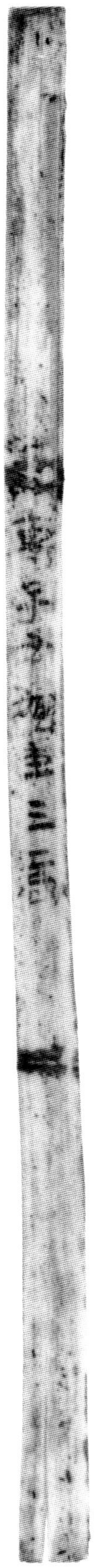

五四〇七

五四〇八

五四〇九

五四一〇

五四一一

五四一二

五四一三

五四一四

五四一五

五四一六

五四一七

五四一八

五四一九

五四二〇

五四二一

五四二二

五四二三

五四二四

五四二五

五四二六

五四二七

五四二八

五四二九

五四三〇

五四三一

五四三二

五四三三

五四三四

五四三五

五四三六

五四三七

五四三八

五四三九

五四四〇

五四四一

五四四二

五四四三

五四四四

五四四五

五四四六

五四四七

五四四八

五四四九

五四五〇

五四五一

五四五二

五四五三

五四五四

五四五五

五四五六

五四五七

五四五八

五四五九

五四六〇

五四六一

五四六二

五四六三

五四六四

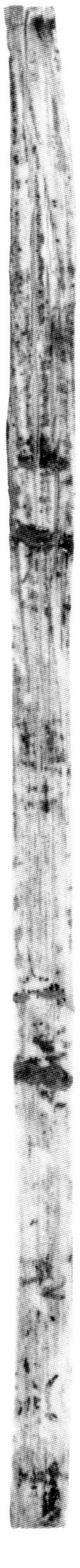
五四六五

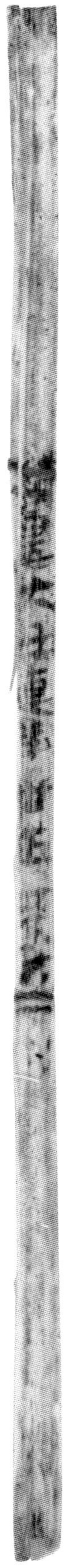
五四六六

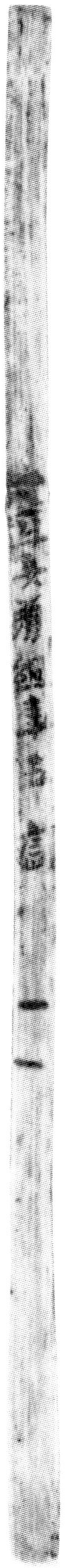
五四六七

五四六八

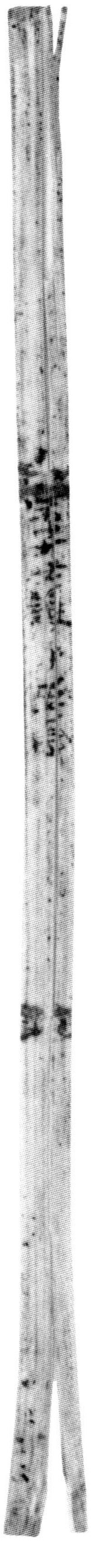
五四六九

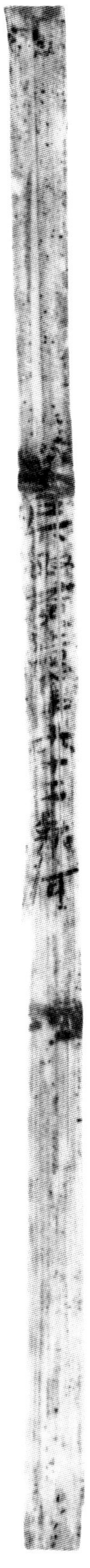
五四七〇

五四七一

五四七二

五四七三

五四七四

五四七五

五四七六

五四七七

五四七八

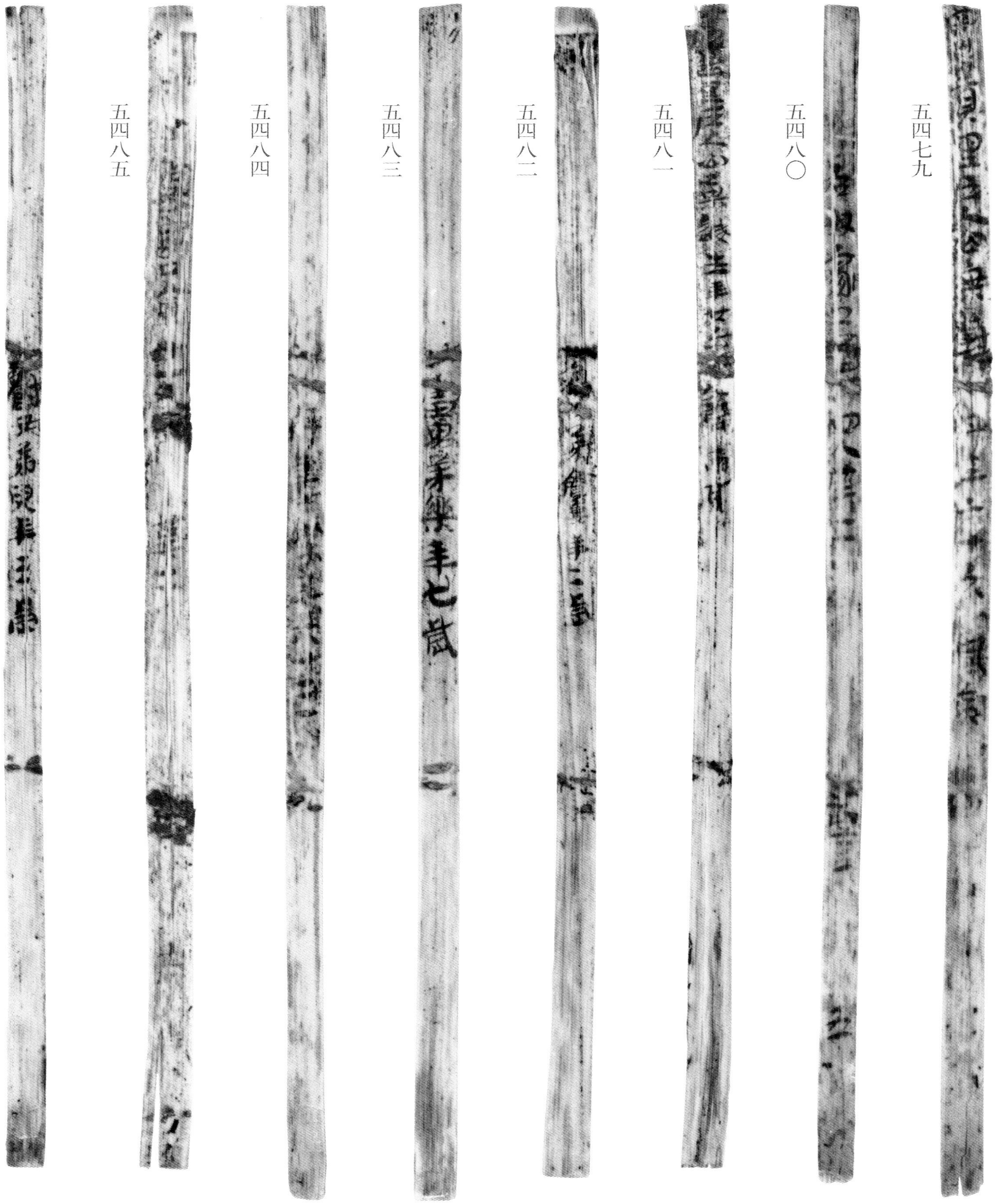

五四七九

五四八〇

五四八一

五四八二

五四八三

五四八四

五四八五

五四八六

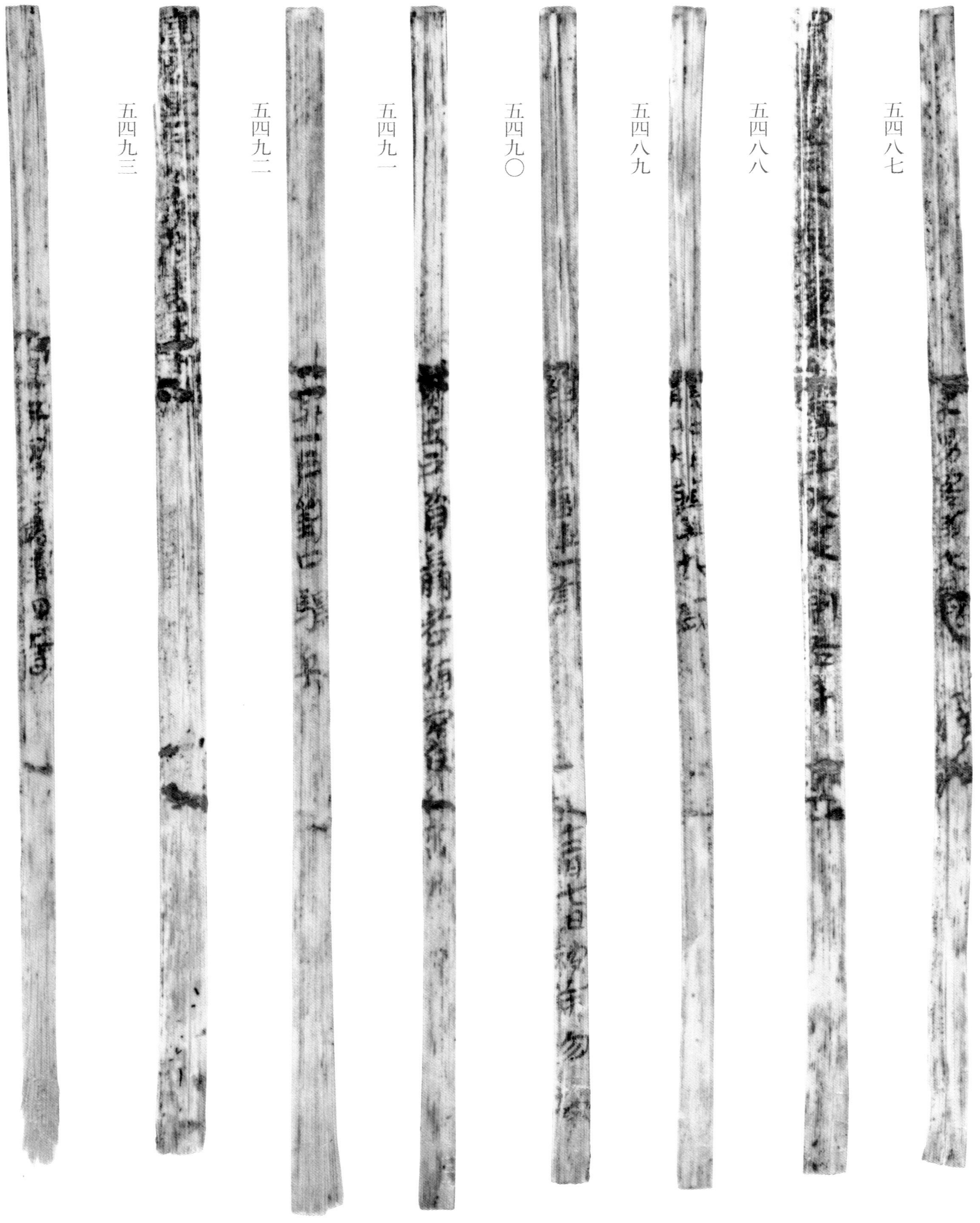

五四八七 五四八八 五四八九 五四九〇 五四九一 五四九二 五四九三 五四九四

五四九五

五四九六

五四九七

五四九八

五四九九

五五〇〇

五五〇一

五五〇二

五五〇三

五五〇四

五五〇五

五五〇六

五五〇七

五五〇八

五五〇九

五五一〇

五五一一

五五一二

五五一三

五五一四

五五一五

五五一六

五五一七

五五一八

五五一九

五五二〇

五五二一

五五二二

五五二三

五五二四

五五二五

五五二六

五五二七

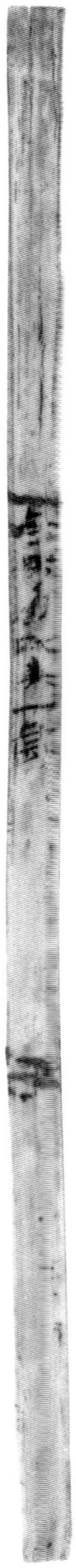

五五二八

五五二九

五五三〇

五五三一

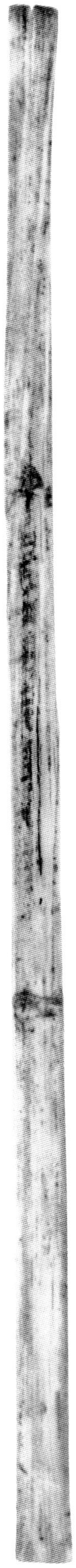

五五三二

五五三三

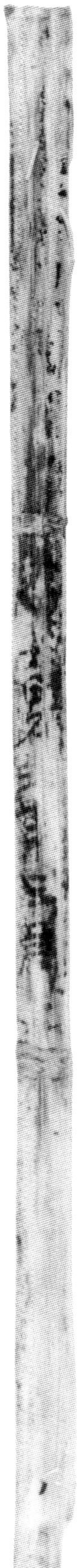

五五三四

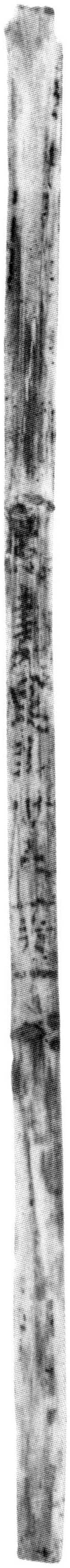

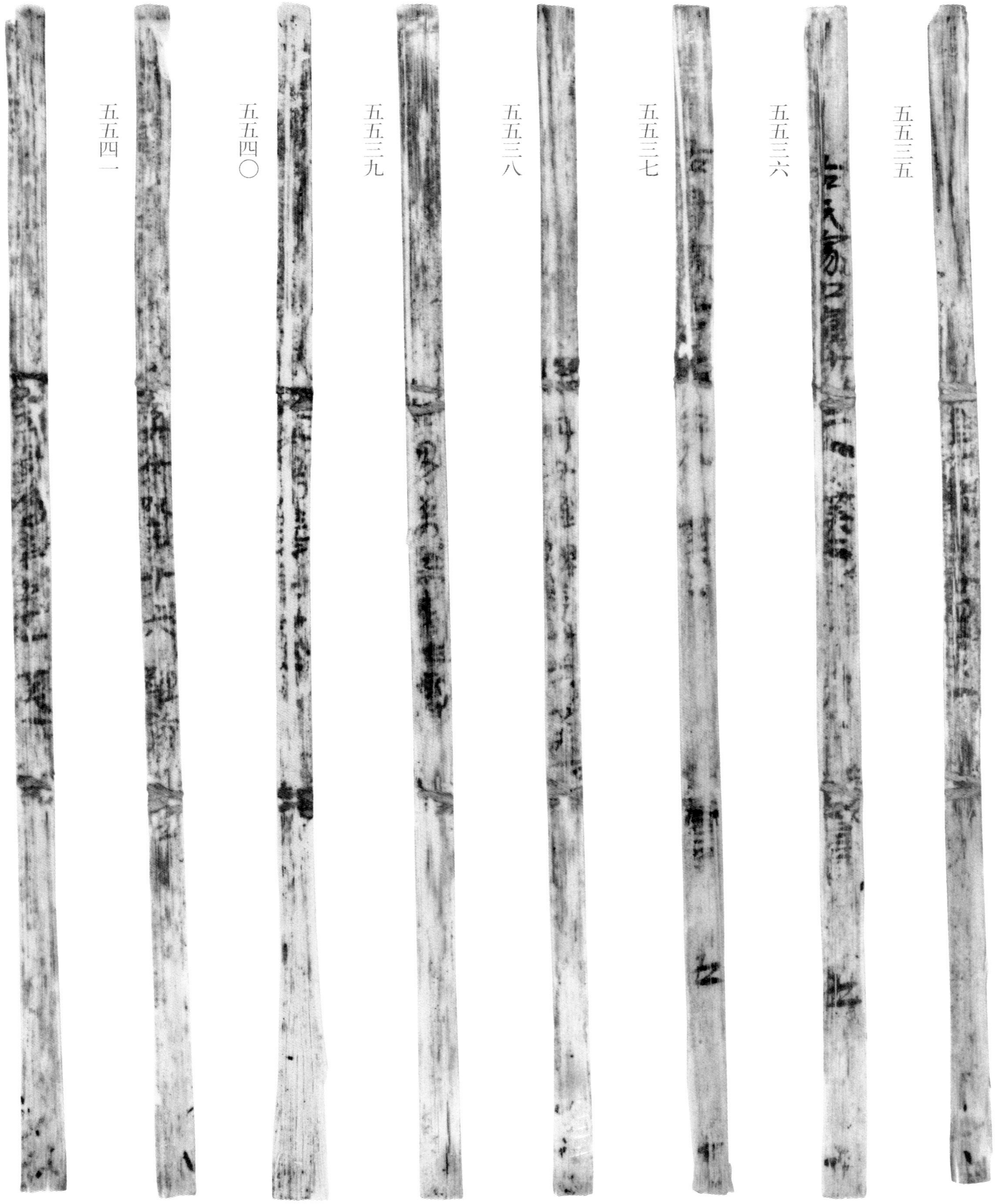
五五三五
五五三六
五五三七
五五三八
五五三九
五五四〇
五五四一
五五四二

五五四三

五五四四

五五四五

五五四六

五五四七

五五四八

五五四九

五五五〇

五五五一
五五五二
五五五三
五五五四
五五五五
五五五六
五五五七
五五五八

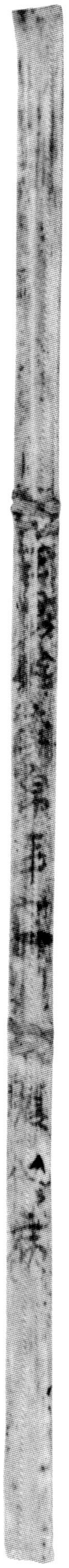
五五五九

五五六〇

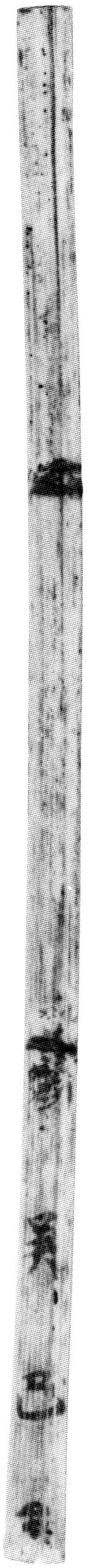
五五六一

五五六二

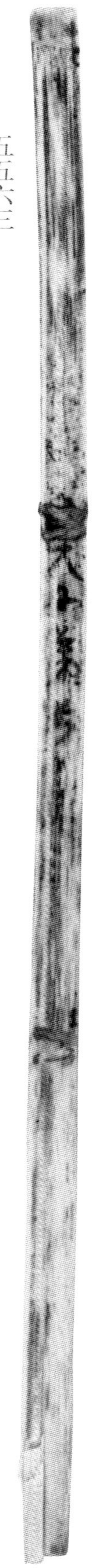
五五六三

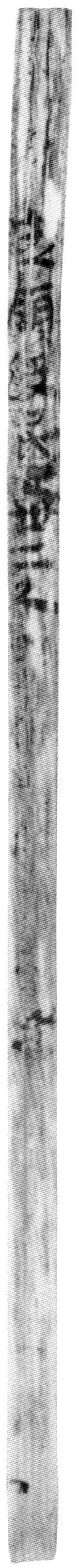
五五六四

五五六五

五五六六

五五六七

五五六八

五五六九

五五七〇

五五七一

五五七二

五五七三

五五七四

五五七五

五五七六

五五七七

五五七八

五五七九

五五八〇

五五八一

五五八二

五五八三

五五八四

五五八五

五五八六

五五八七

五五八八

五五八九

五五九〇

五五九一

五五九二

五五九三

五五九四

五五九五

五五九六

五五九七

五五九八

五五九九

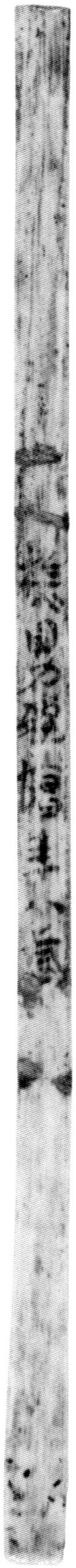

五六〇〇

五六〇一

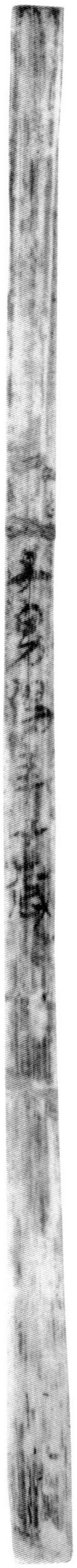

五六〇二

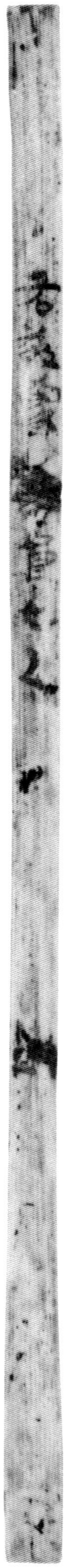

五六〇三

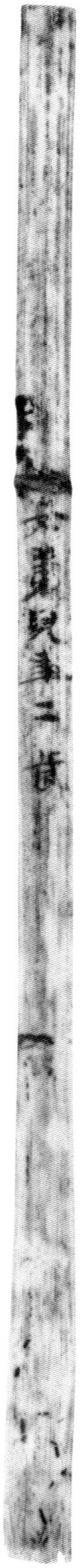

五六〇四

五六〇五

五六〇六

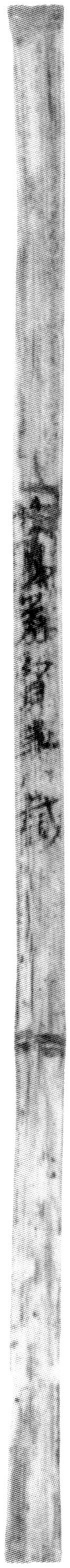

五六〇七

五六〇八

五六〇九

五六一〇

五六一一

五六一二

五六一三

五六一四

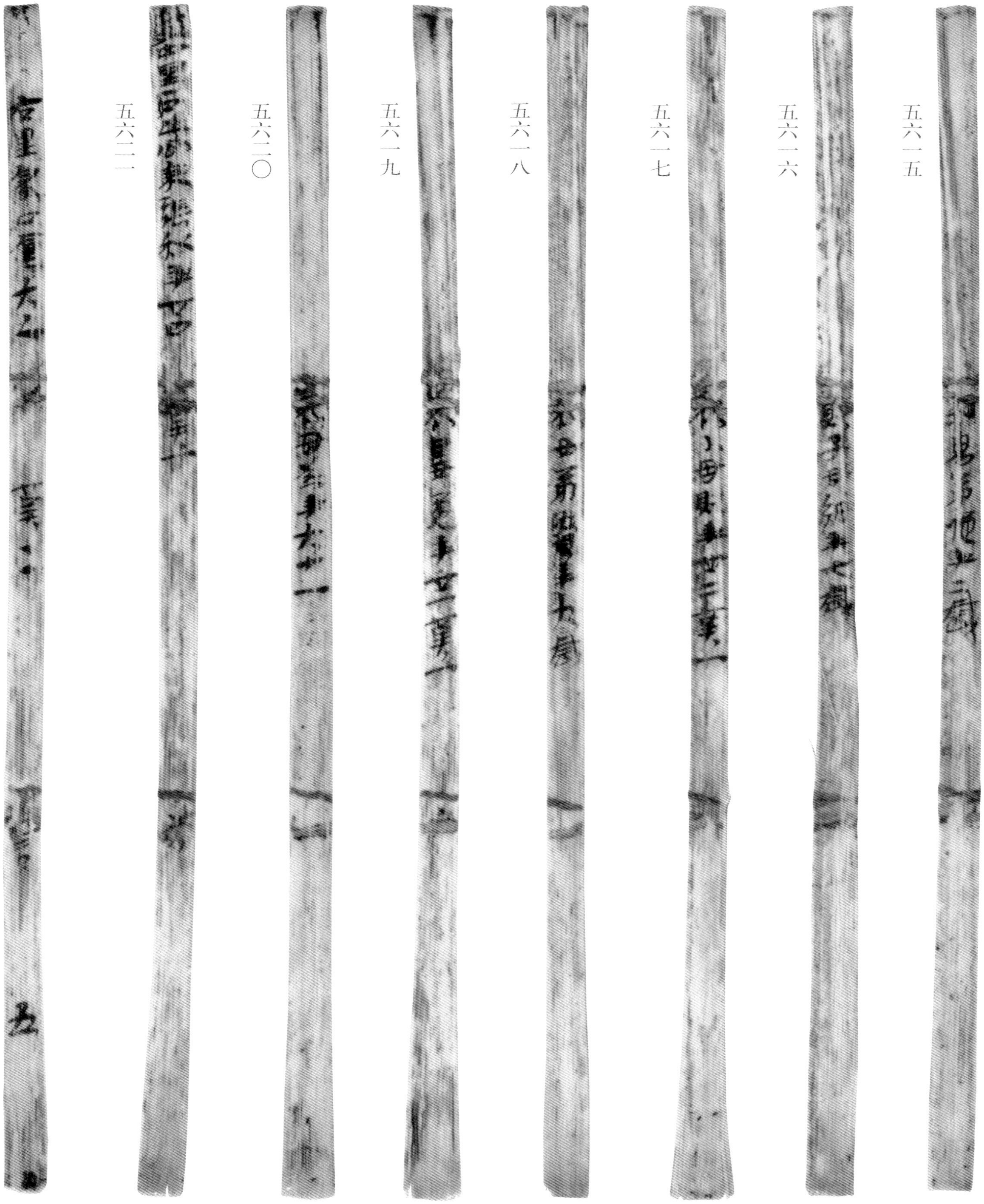

五六一五

五六一六

五六一七

五六一八

五六一九

五六二〇

五六二一

五六二二

五六二三

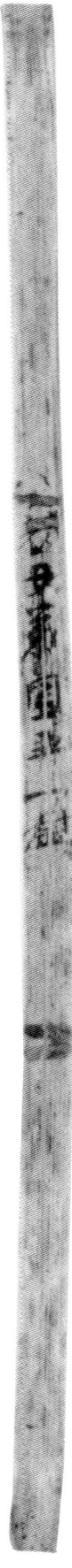

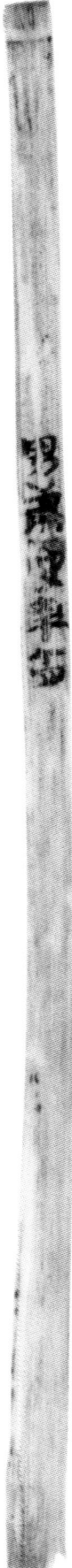

五六二四

五六二五

五六二六

五六二七

五六二八

五六二九

五六三〇

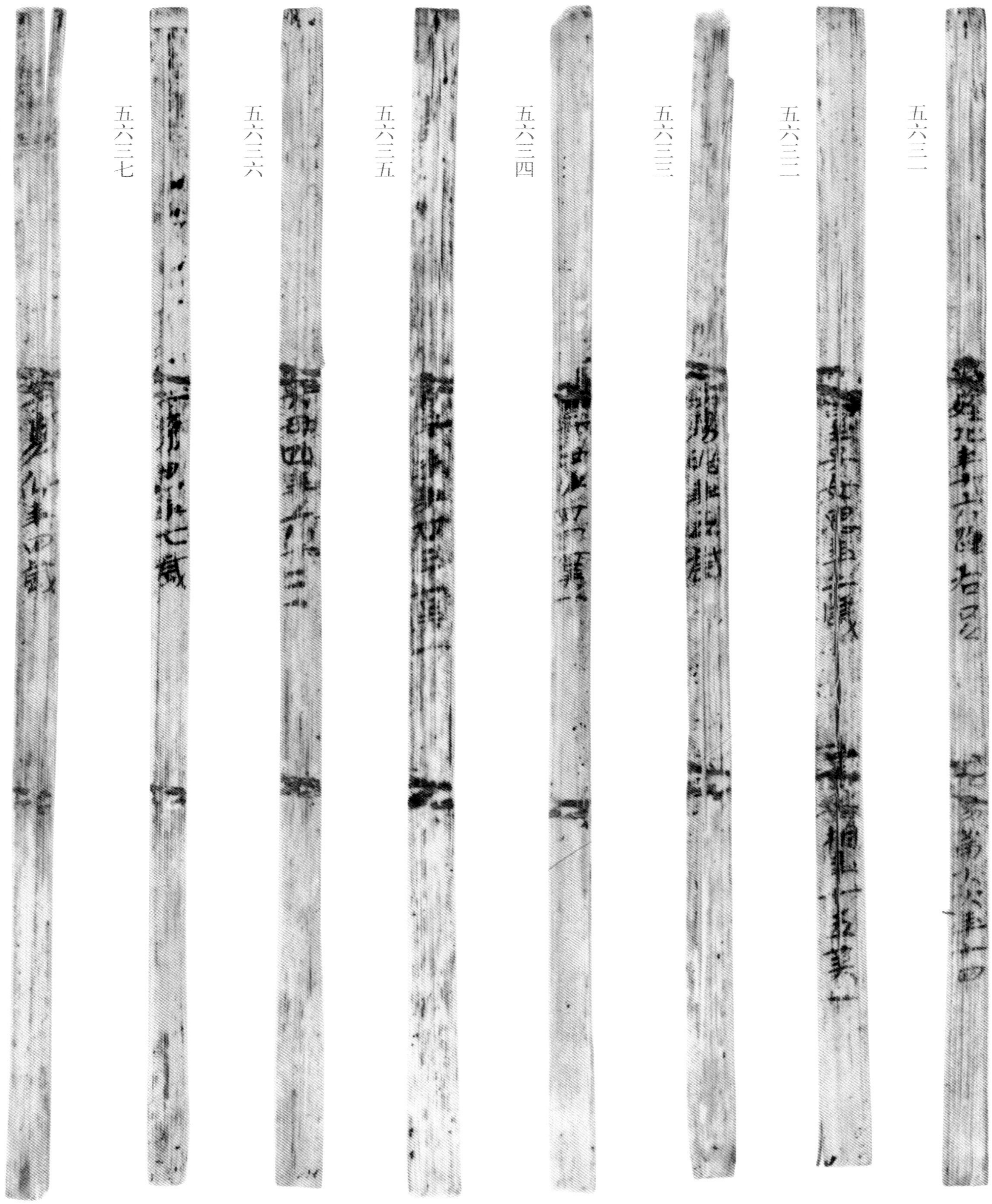

五六三一

五六三二

五六三三

五六三四

五六三五

五六三六

五六三七

五六三八

五六三九

五六四〇

五六四一

五六四二

五六四三

五六四四

五六四五

五六四六

五六四七

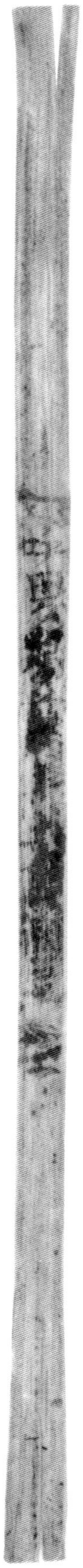

五六四八

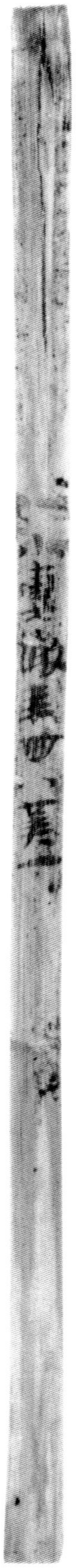

五六四九

五六五〇

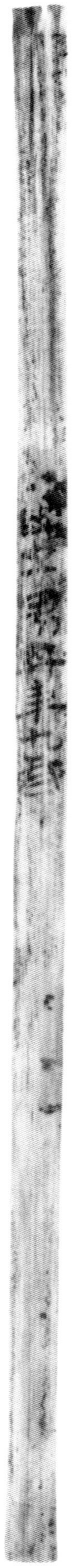

五六五一

五六五二

五六五三

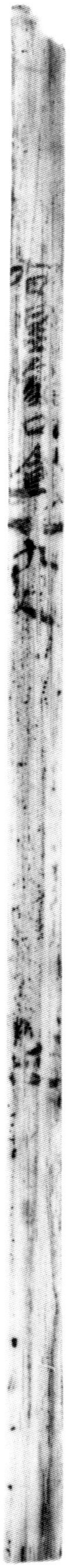

五六五四

五六五五

五六五六

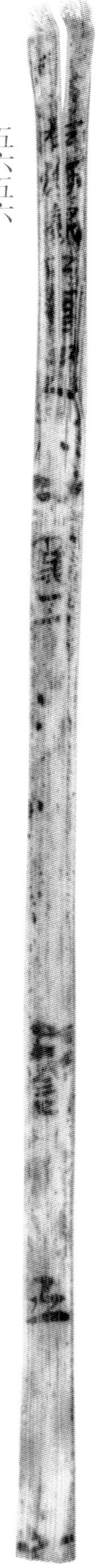

五六五七

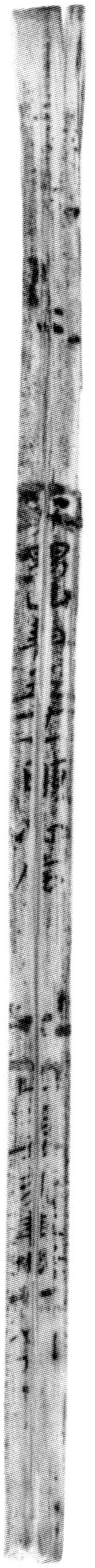

五六五八

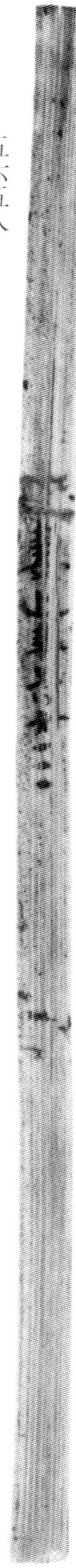

五六五九

五六六〇

五六六一

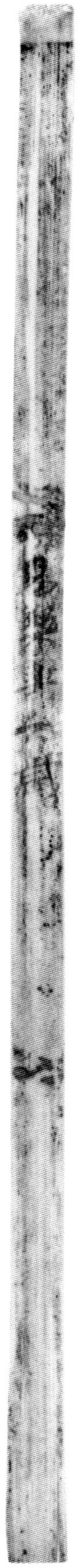

五六六二

五六六三
五六六四
五六六五
五六六六
五六六七
五六六八
五六六九
五六七〇

五六七一
五六七二
五六七三
五六七四
五六七五
五六七六
五六七七
五六七八

五六七九

五六八〇

五六八一

五六八二

五六八三

五六八四

五六八五

五六八六

五六八七

五六八八

五六八九

五六九〇

五六九一

五六九二

五六九三

五六九四

五六九五

五六九六

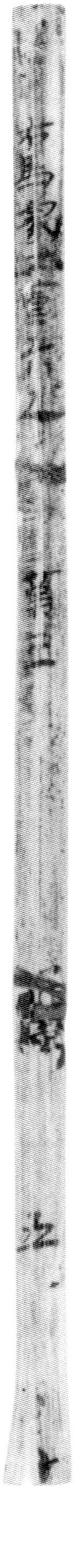
五六九七

五六九八

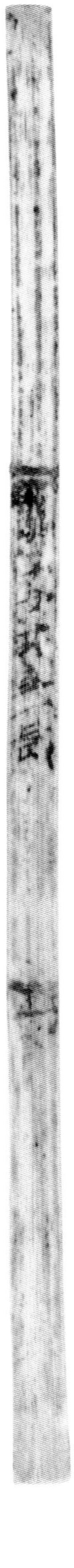
五六九九

五七〇〇

五七〇一

五七〇二

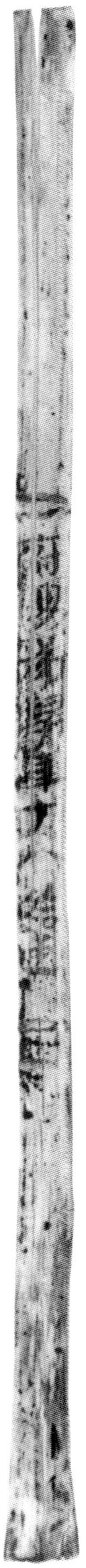

五七〇三

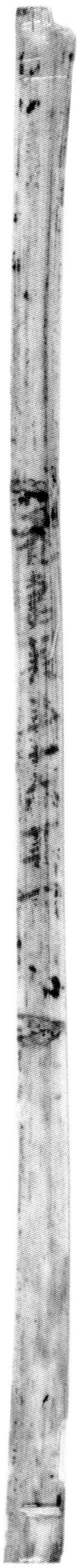

五七〇四

五七〇五

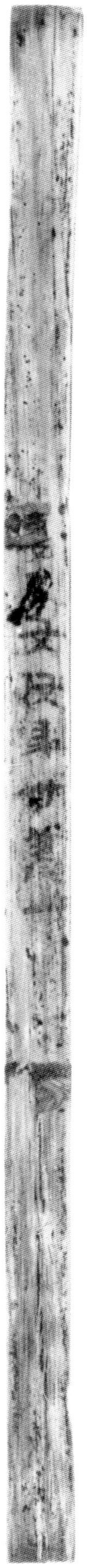

五七〇六

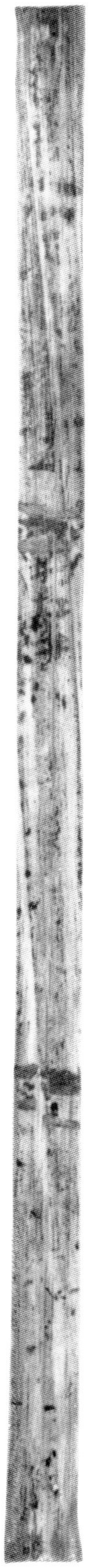

五七〇七

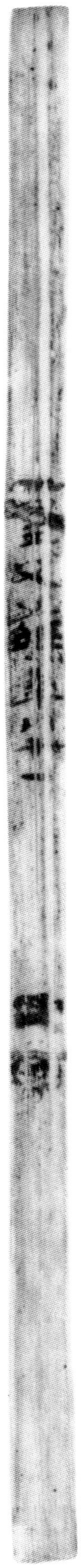

五七〇八

五七〇九

五七一〇

五七一一

五七一二

五七一三

五七一四

五七一五

五七一六

五七一七

五七一八

五七一九

五七二〇

五七二一

五七二二

五七二三

五七二四

五七二五

五七二六

五七二七

五七二八

五七二九

五七三〇

五七三一

五七三二

五七三三

五七三四

五七三五

五七三六

五七三七

五七三八

五七三九

五七四〇

五七四一

五七四二

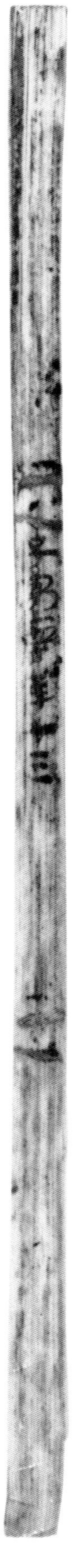

五七四三

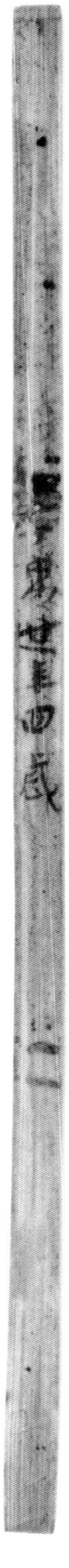

五七四四

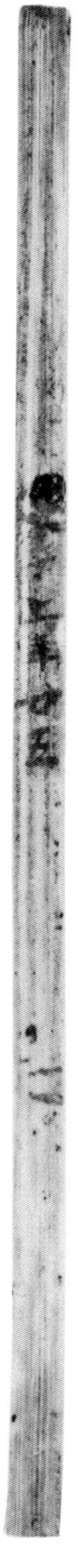

五七四五

五七四六

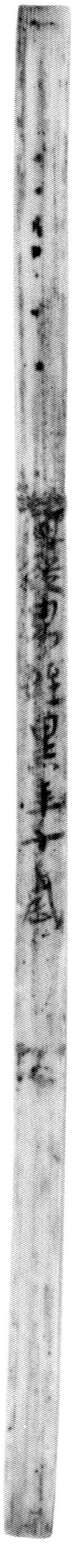

五七四七

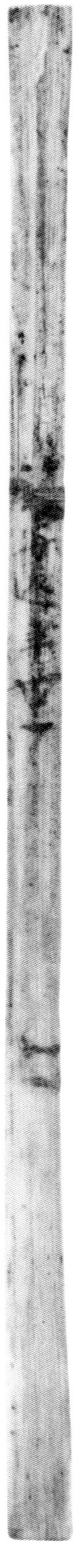

五七四八

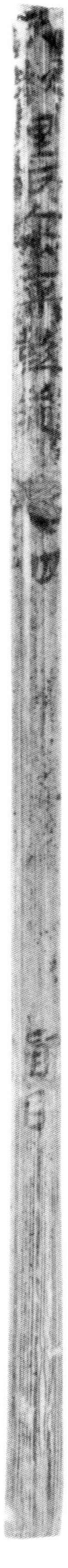

五七四九

五七五〇

五七五一

五七五二

五七五三

五七五四

五七五五

五七五六

五七五七

五七五八

五七五九

五七六〇

五七六一

五七六二

五七六三

五七六四

五七六五

五七六六

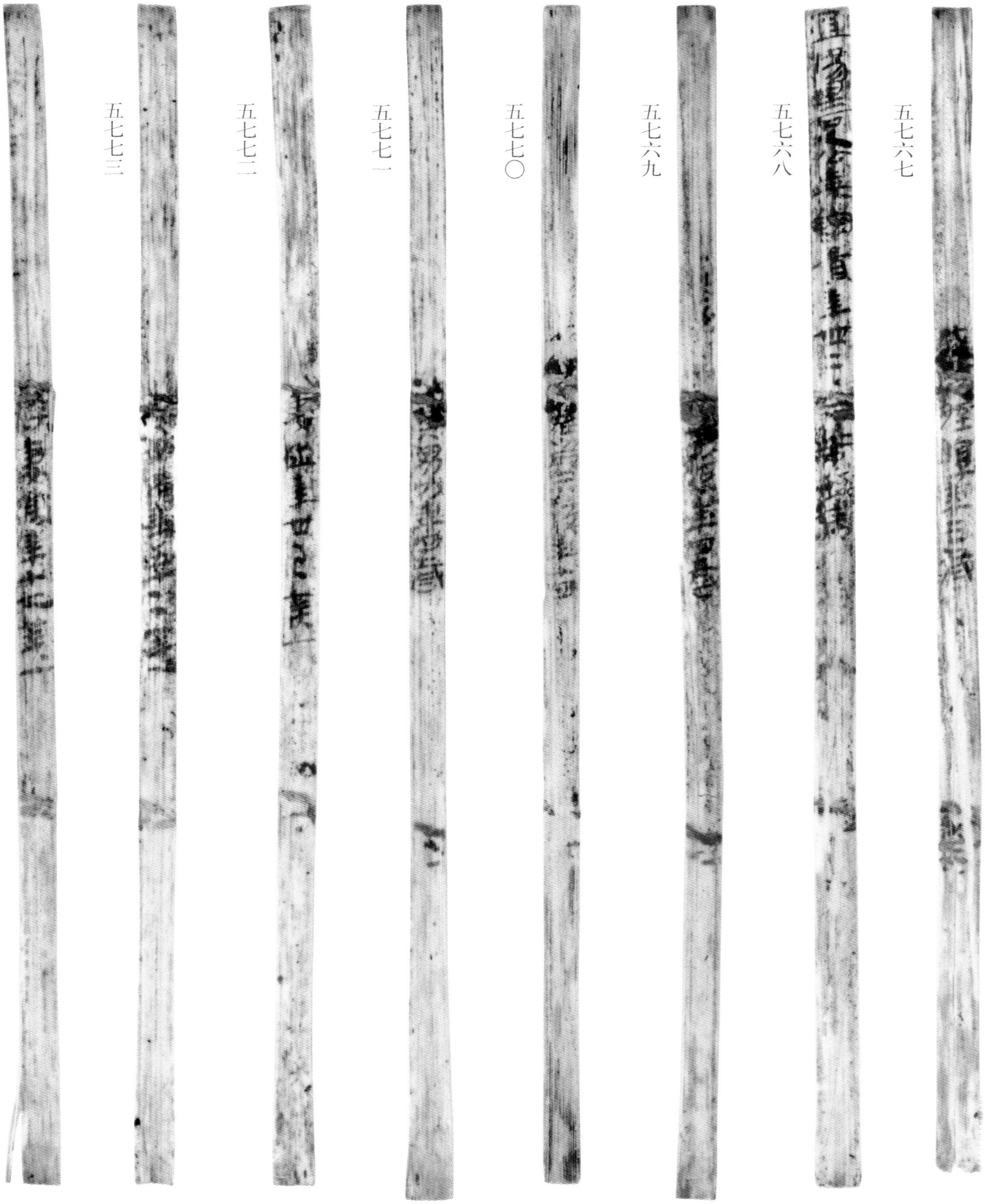

五七六七

五七六八

五七六九

五七七〇

五七七一

五七七二

五七七三

五七七四

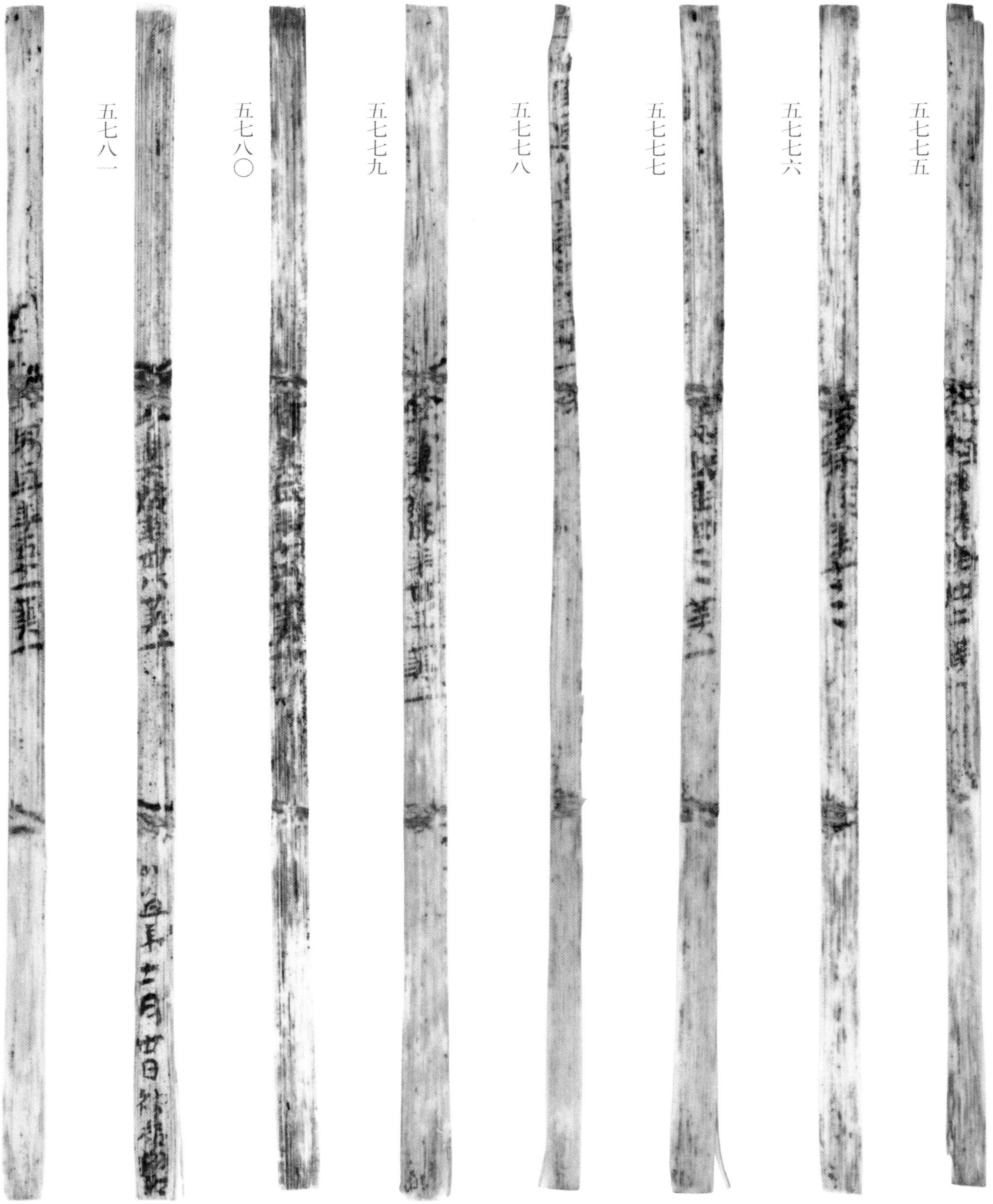

五七七五

五七七六

五七七七

五七七八

五七七九

五七八〇

五七八一

五七八二

五七八三

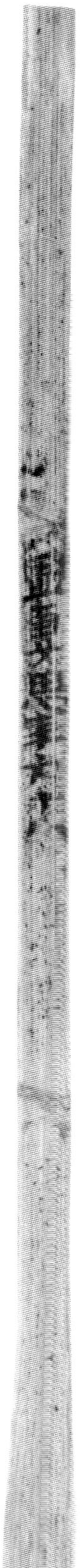

五七八四

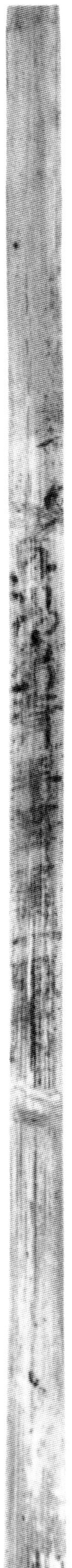

五七八五

五七八六

五七八七

五七八八

五七八九

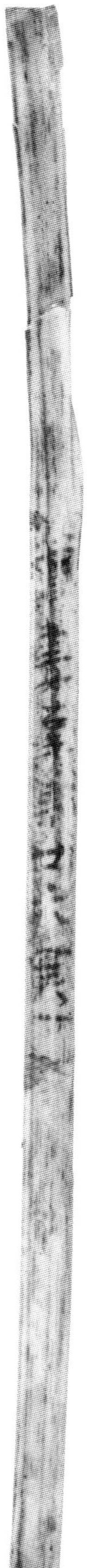

五七九〇

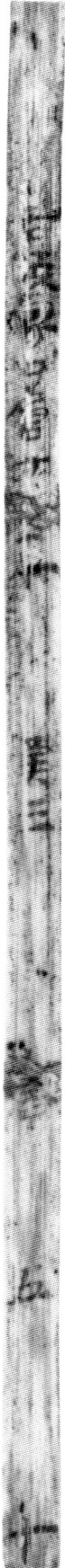

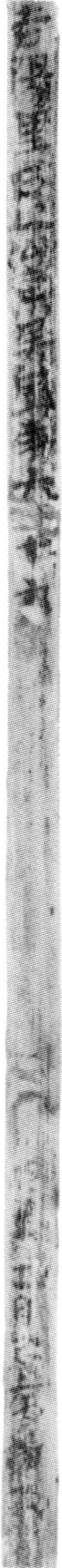

五七九一

五七九二

五七九三

五七九四

五七九五

五七九六

五七九七

五七九八

五七九九 五八〇〇 五八〇一 五八〇二 五八〇三 五八〇四 五八〇五 五八〇六

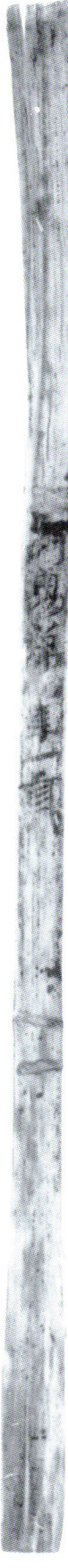

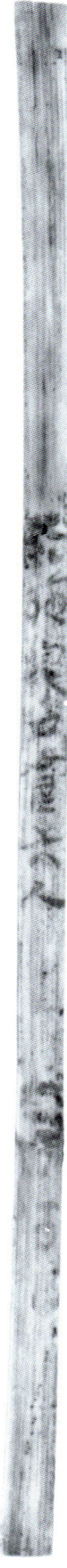

五八〇七

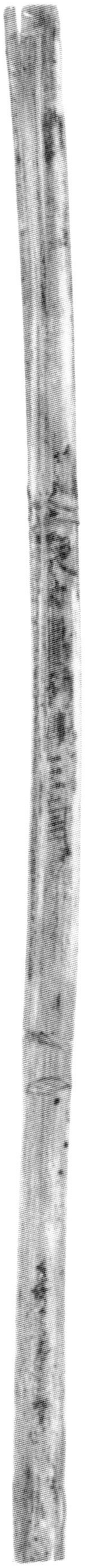

五八〇八

五八〇九

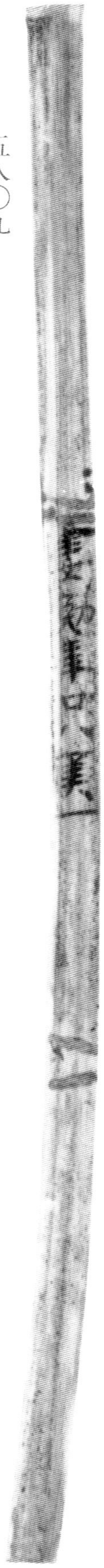

五八一〇

五八一一

五八一二

五八一三

五八一四

五八一五

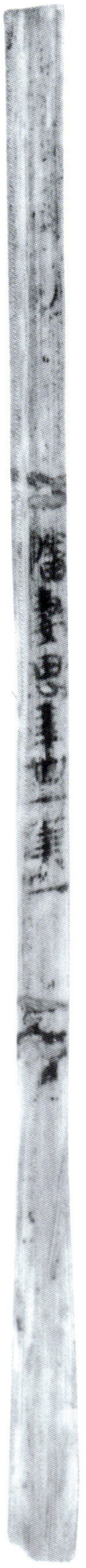

五八一六

五八一七

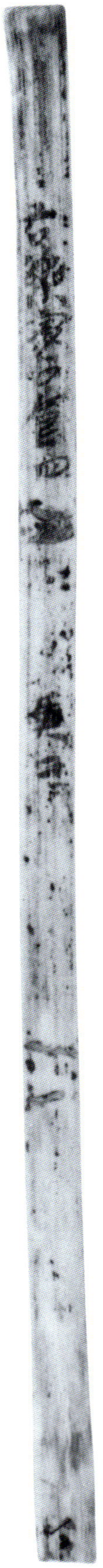

五八一八

五八一九

五八二〇

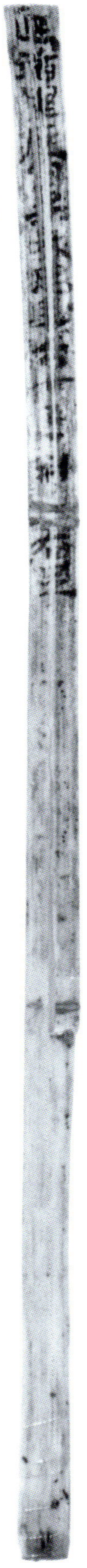

五八二一

五八二二

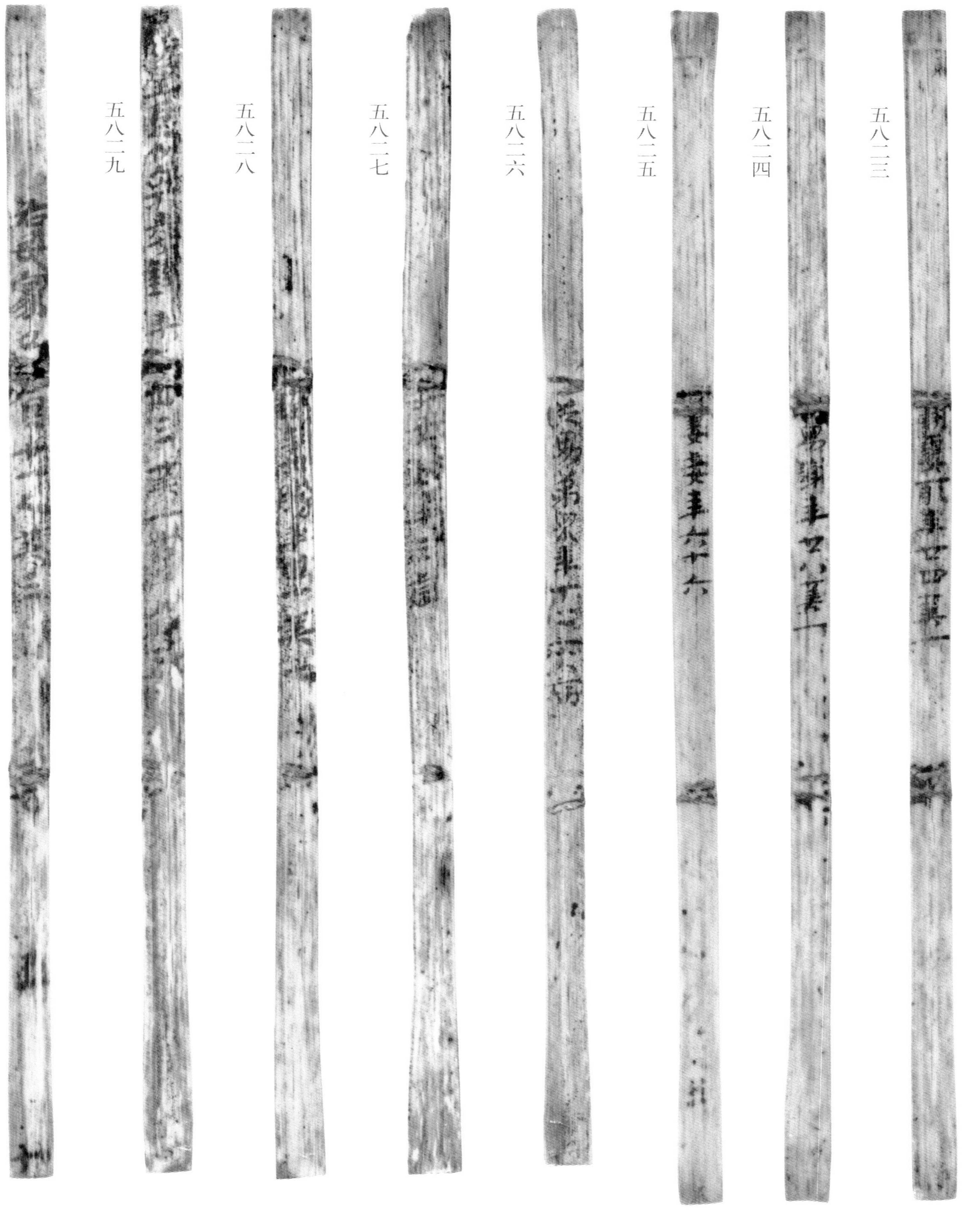

五八二三

五八二四

五八二五

五八二六

五八二七

五八二八

五八二九

五八三〇

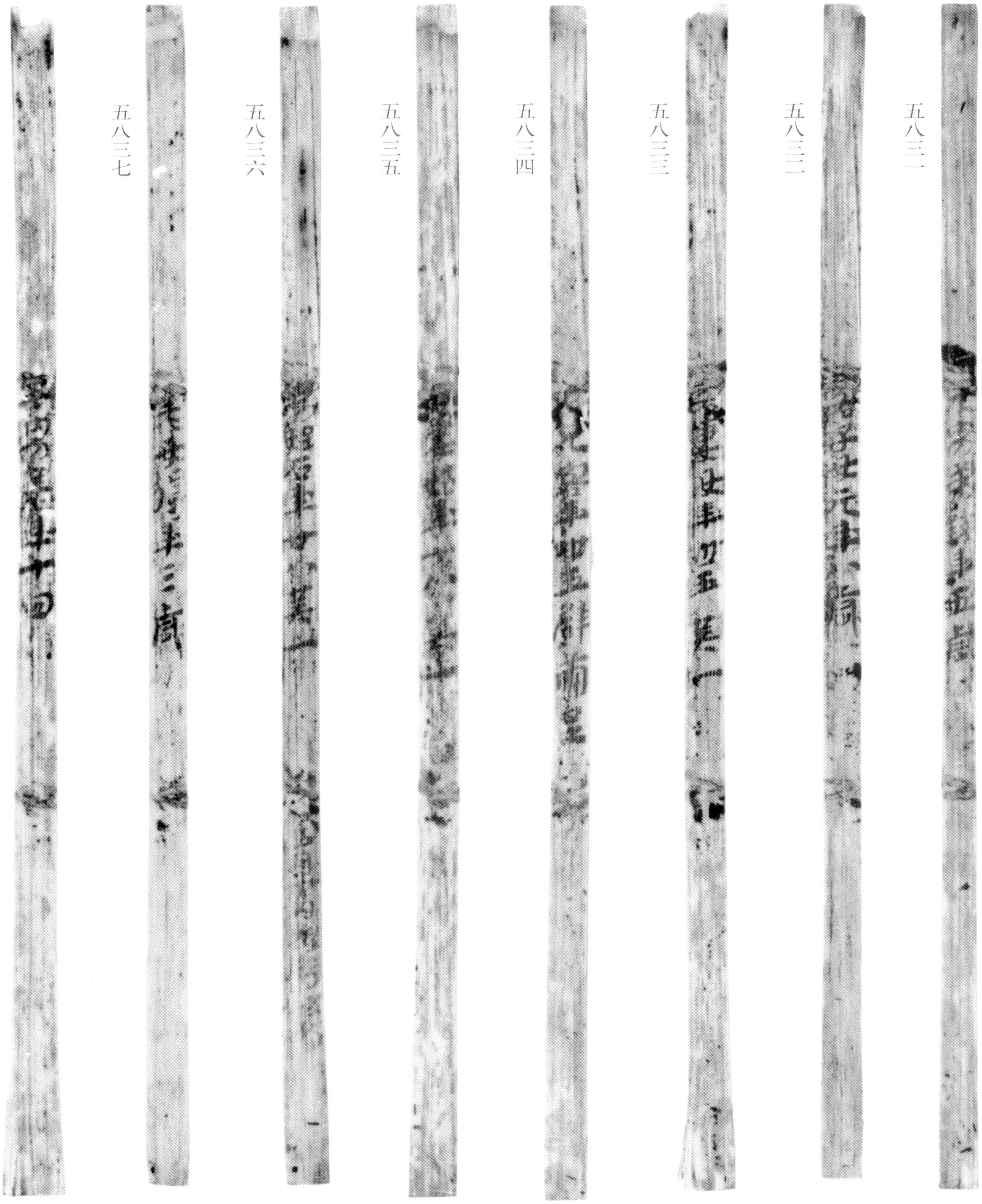

五八三一

五八三二

五八三三

五八三四

五八三五

五八三六

五八三七

五八三八

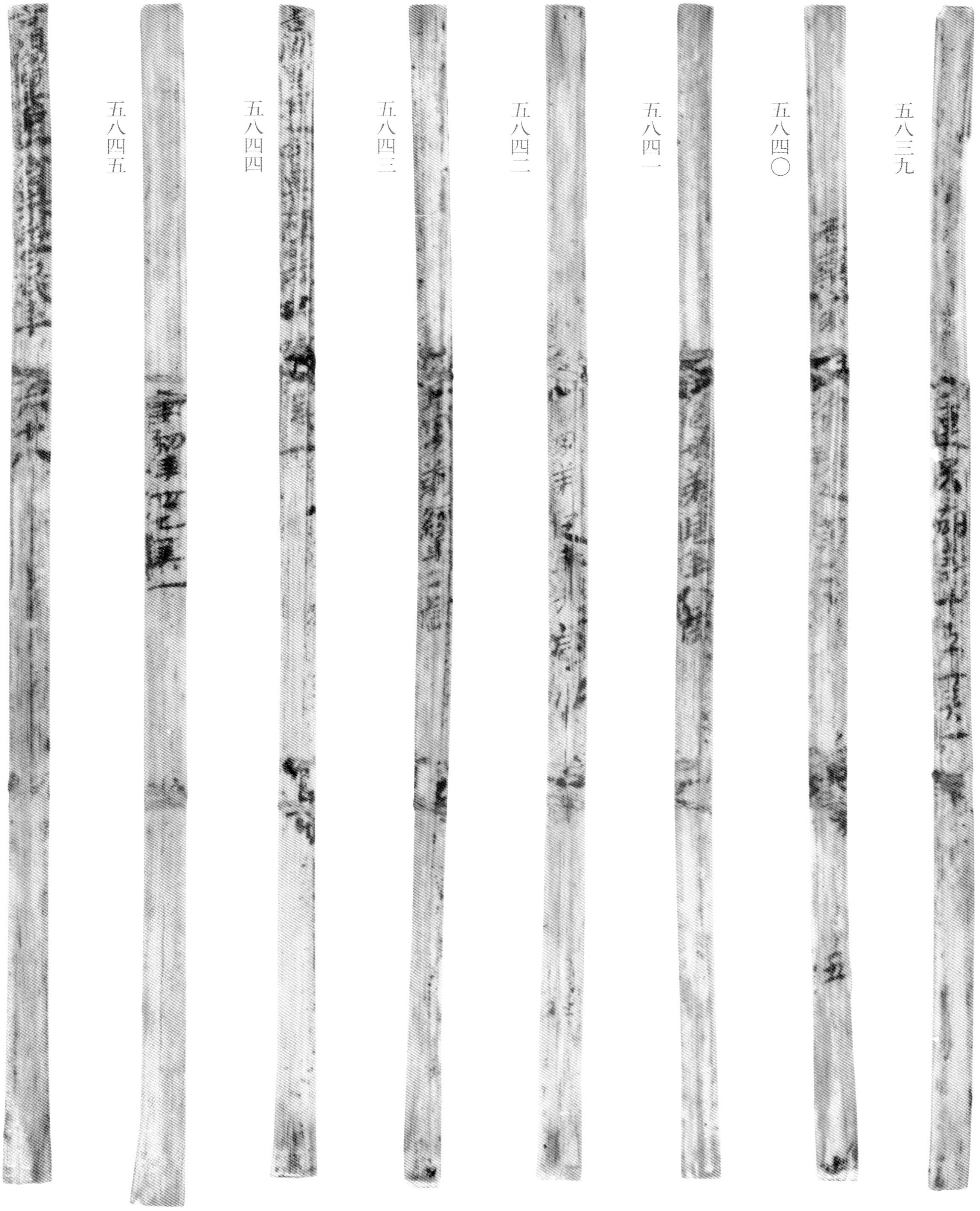

五八三九

五八四〇

五八四一

五八四二

五八四三

五八四四

五八四五

五八四六

五八四七

五八四八

五八四九

五八五〇

五八五一

五八五二

五八五三

五八五四

五八五五

五八五六

五八五七

五八五八

五八五九

五八六〇

五八六一

五八六二

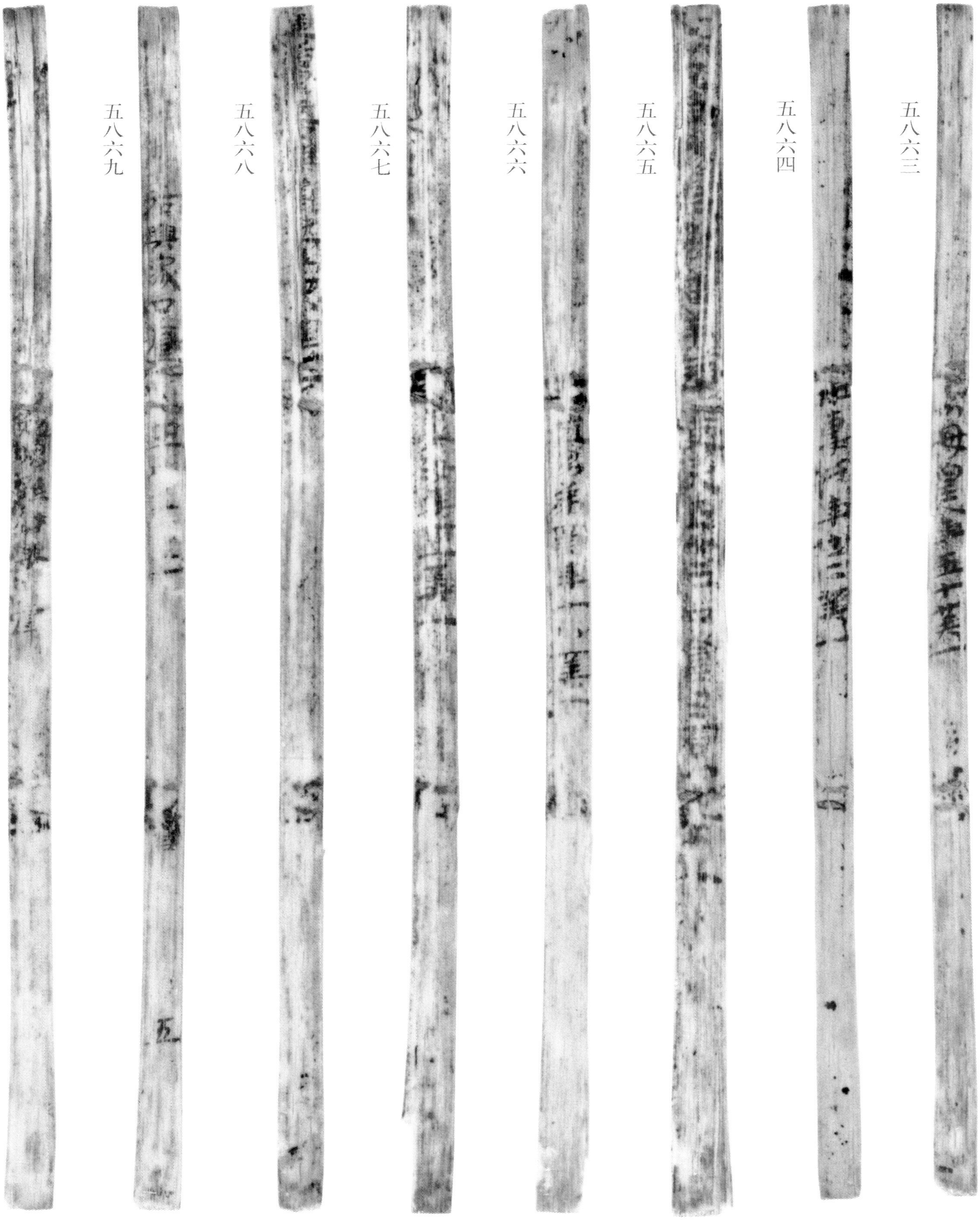

五八六三

五八六四

五八六五

五八六六

五八六七

五八六八

五八六九

五八七〇

五八七一

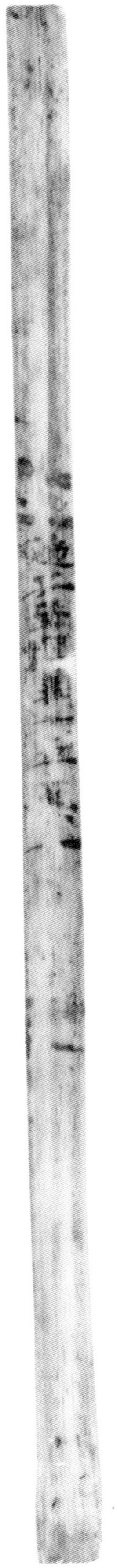

五八七二

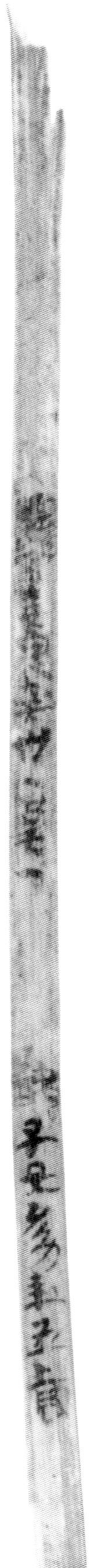

五八七三

五八七四

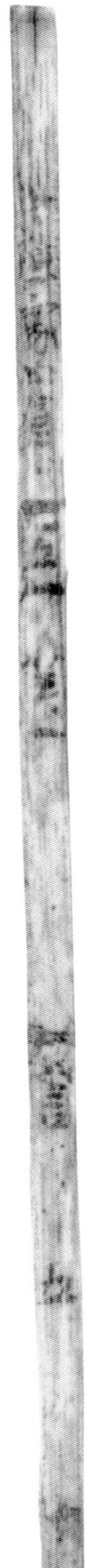

五八七五

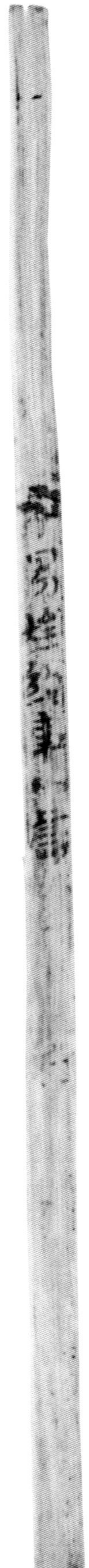

五八七六

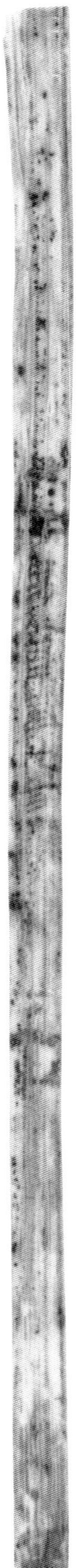

五八七七

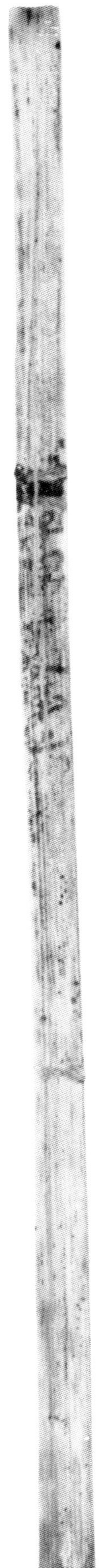

五八七八

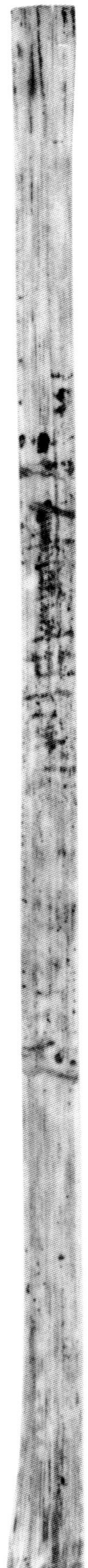

五八七九

五八八〇

五八八一

五八八二

五八八三

五八八四

五八八五

五八八六

五八八七

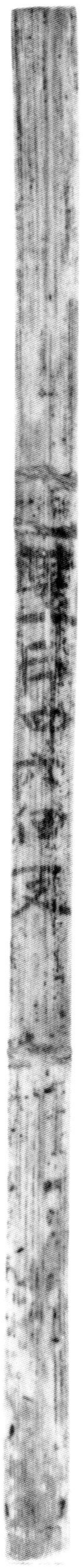

五八八八

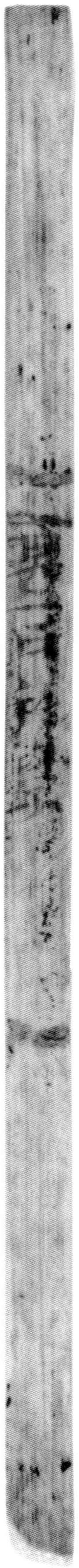

五八八九

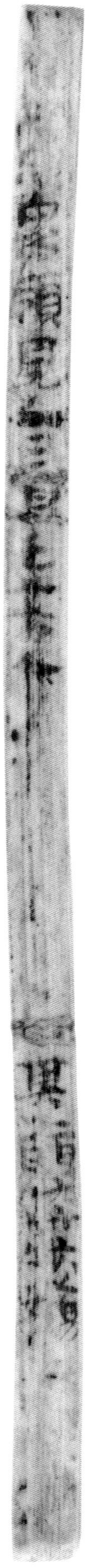

五八九〇

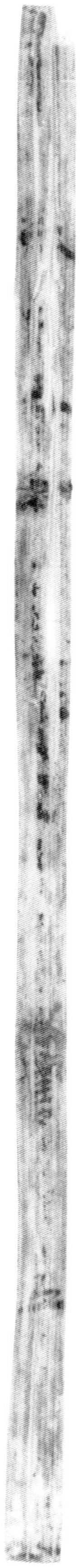

五八九一

五八九二

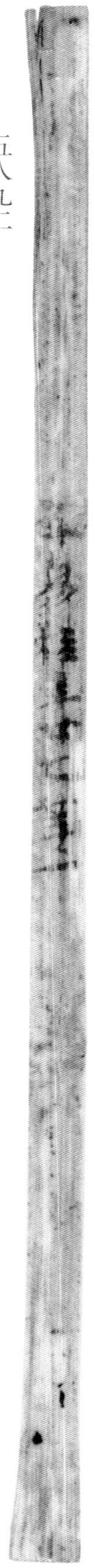

五八九三

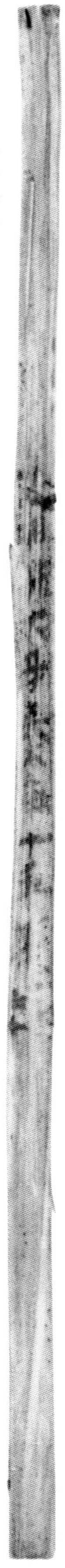

五八九四

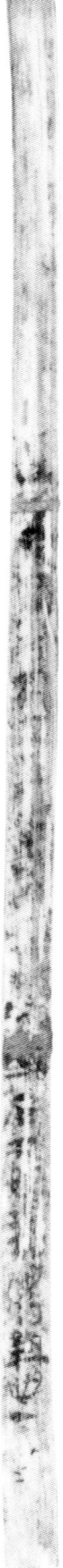

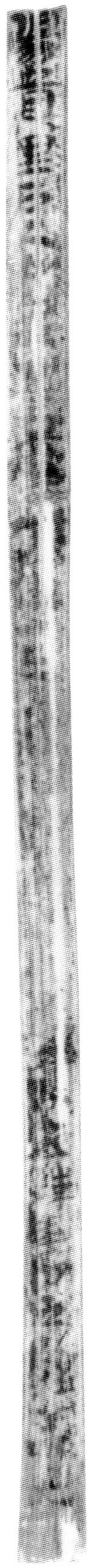
五八九五

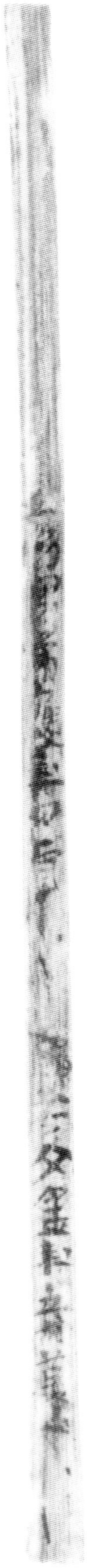
五八九六

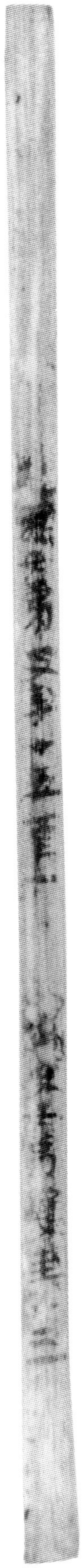
五八九七

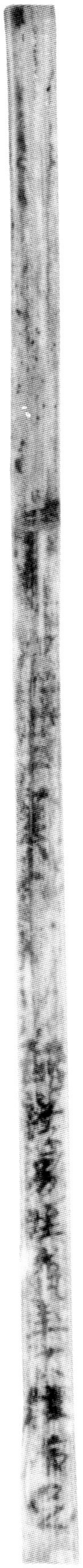
五八九八

五八九九

五九〇〇

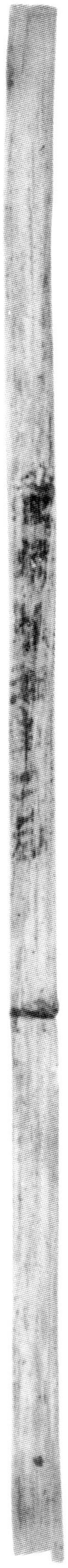
五九〇一

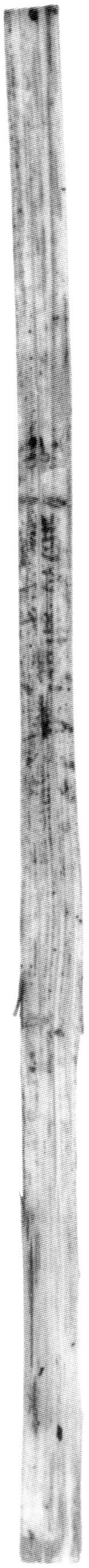
五九〇二

五九〇三

五九〇四

五九〇五

五九〇六

五九〇七

五九〇八

五九〇九

五九一〇

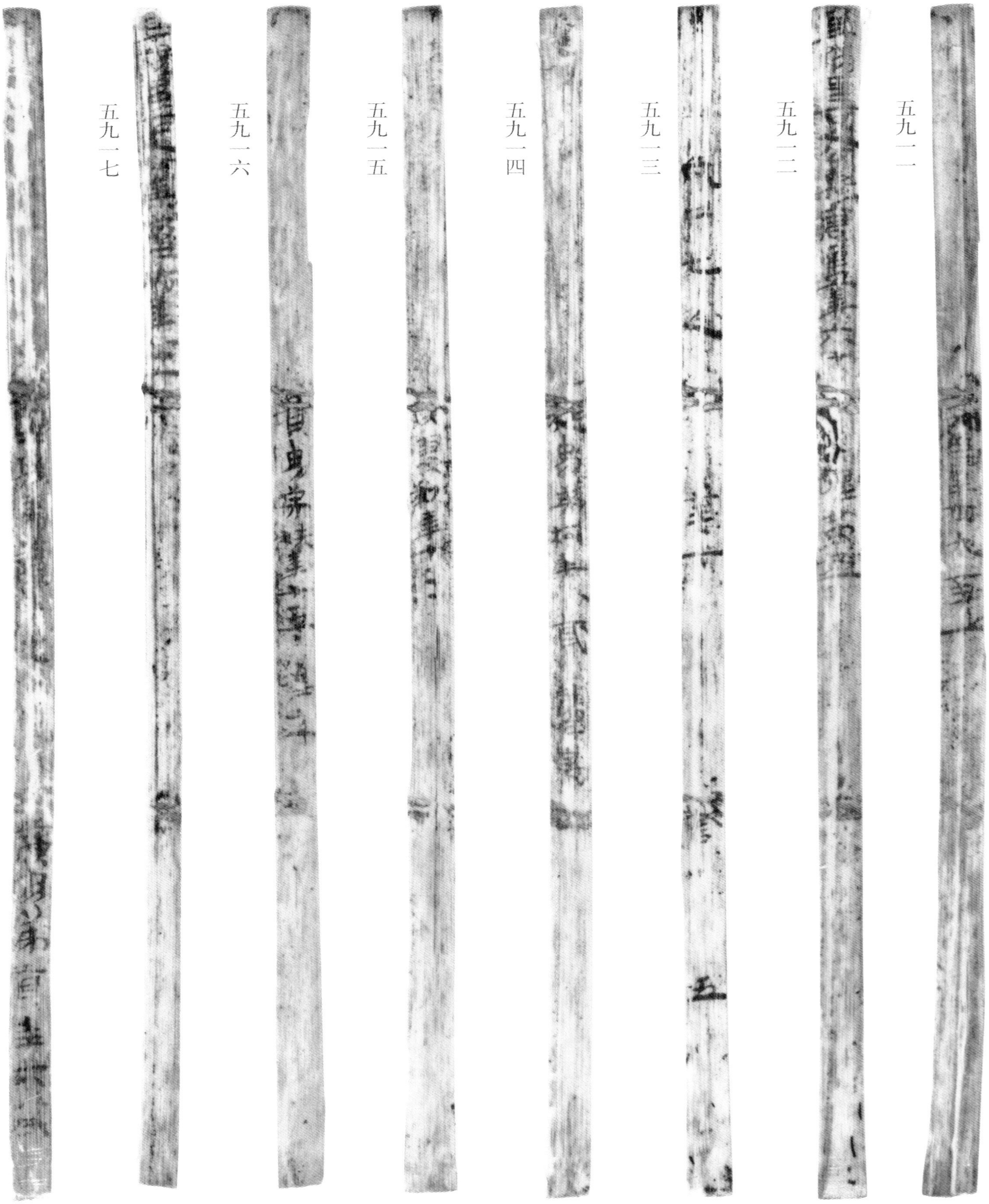

五九一一

五九一二

五九一三

五九一四

五九一五

五九一六

五九一七

五九一八

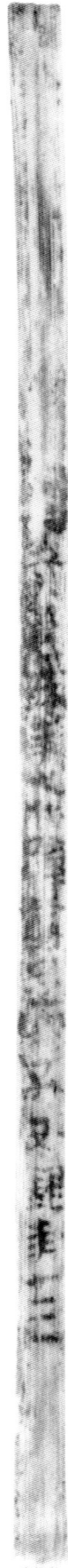

五九一九

五九二〇

五九二一

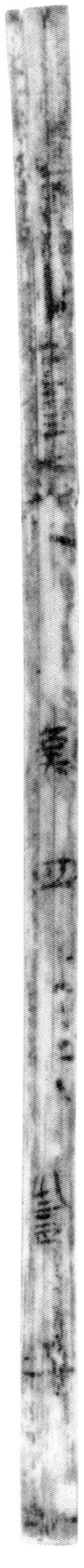
五九二二

五九二三

五九二四

五九二五

五九二六

五九二七

五九二八

五九二九

五九三〇

五九三一

五九三二

五九三三

五九三四

五九三五

五九三六

五九三七

五九三八

五九三九

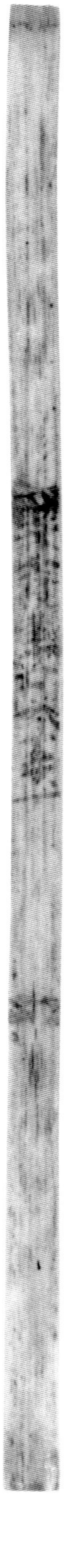

五九四〇

五九四一

五九四二

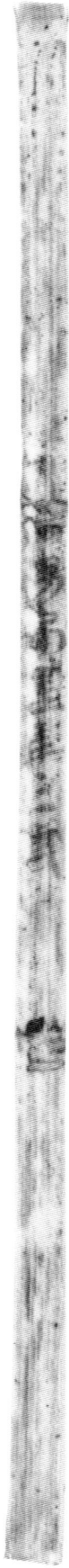

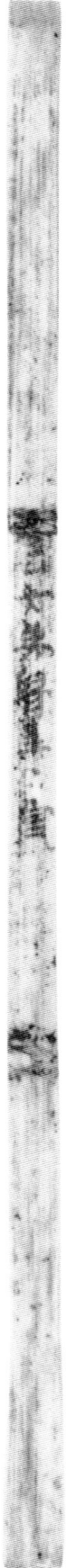

五九四三

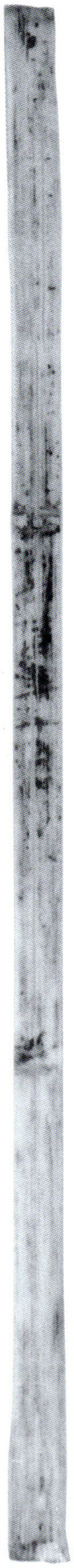

五九四四

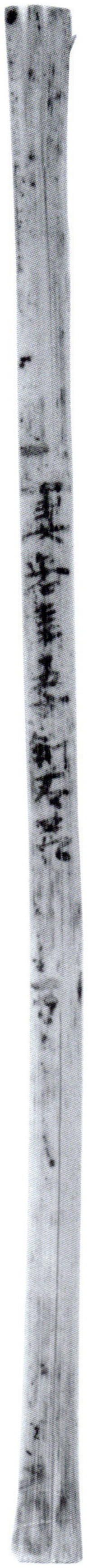

五九四五

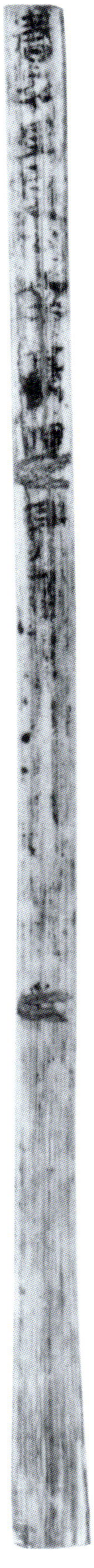

五九四六

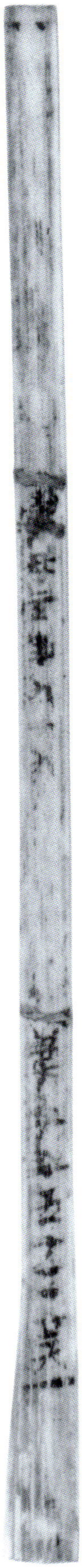

五九四七

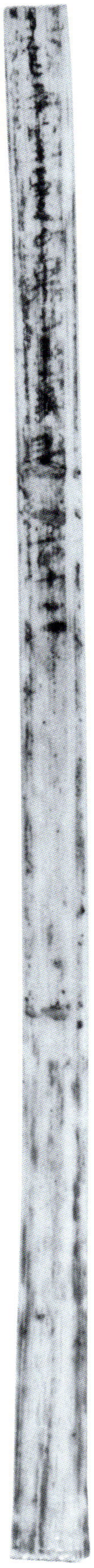

五九四八

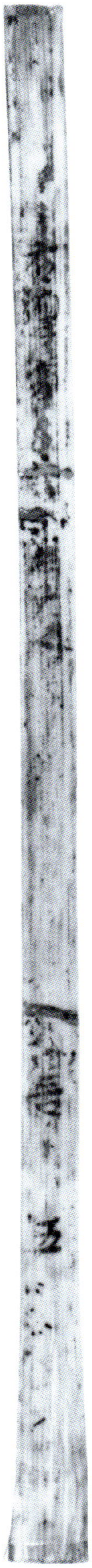

五九四九

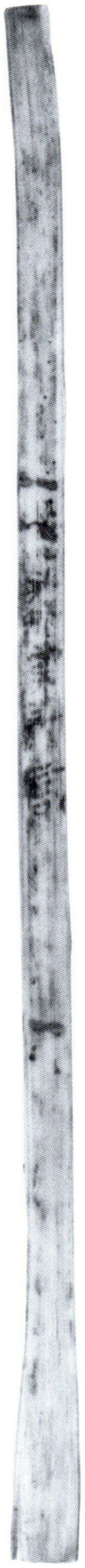

五九五〇

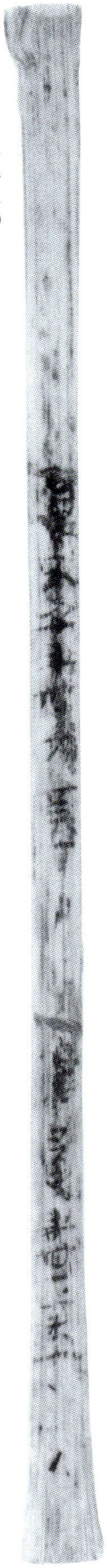

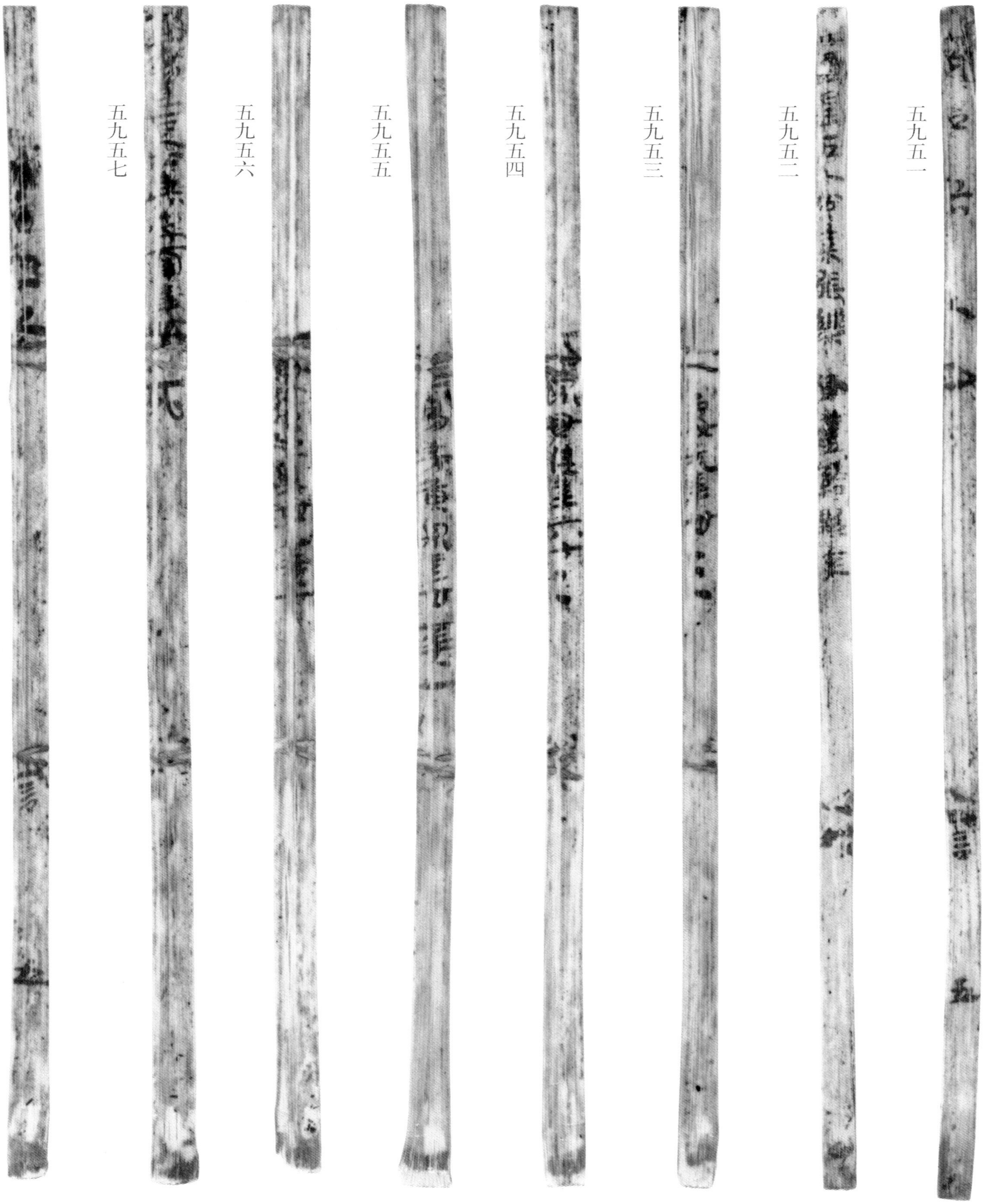

五九五一

五九五二

五九五三

五九五四

五九五五

五九五六

五九五七

五九五八

五九五九

五九六〇

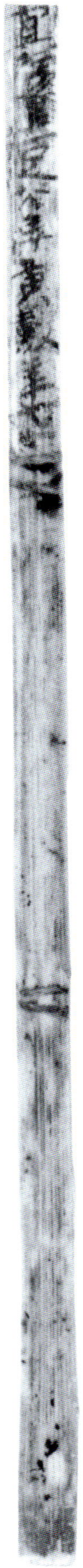

五九六一

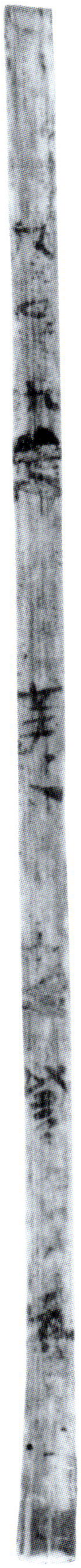

五九六二

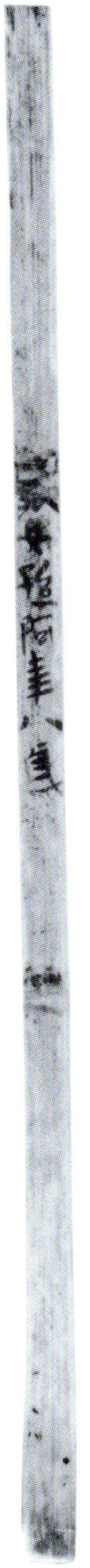

五九六三

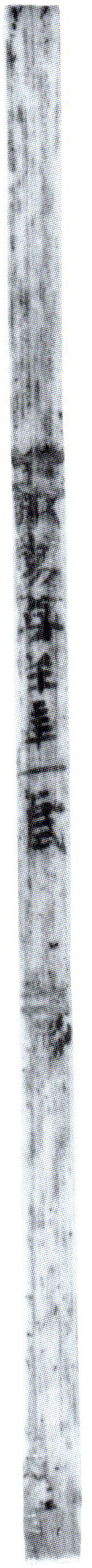

五九六四

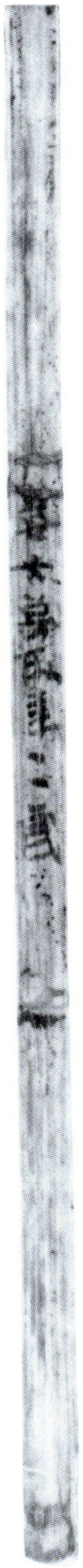

五九六五

五九六六

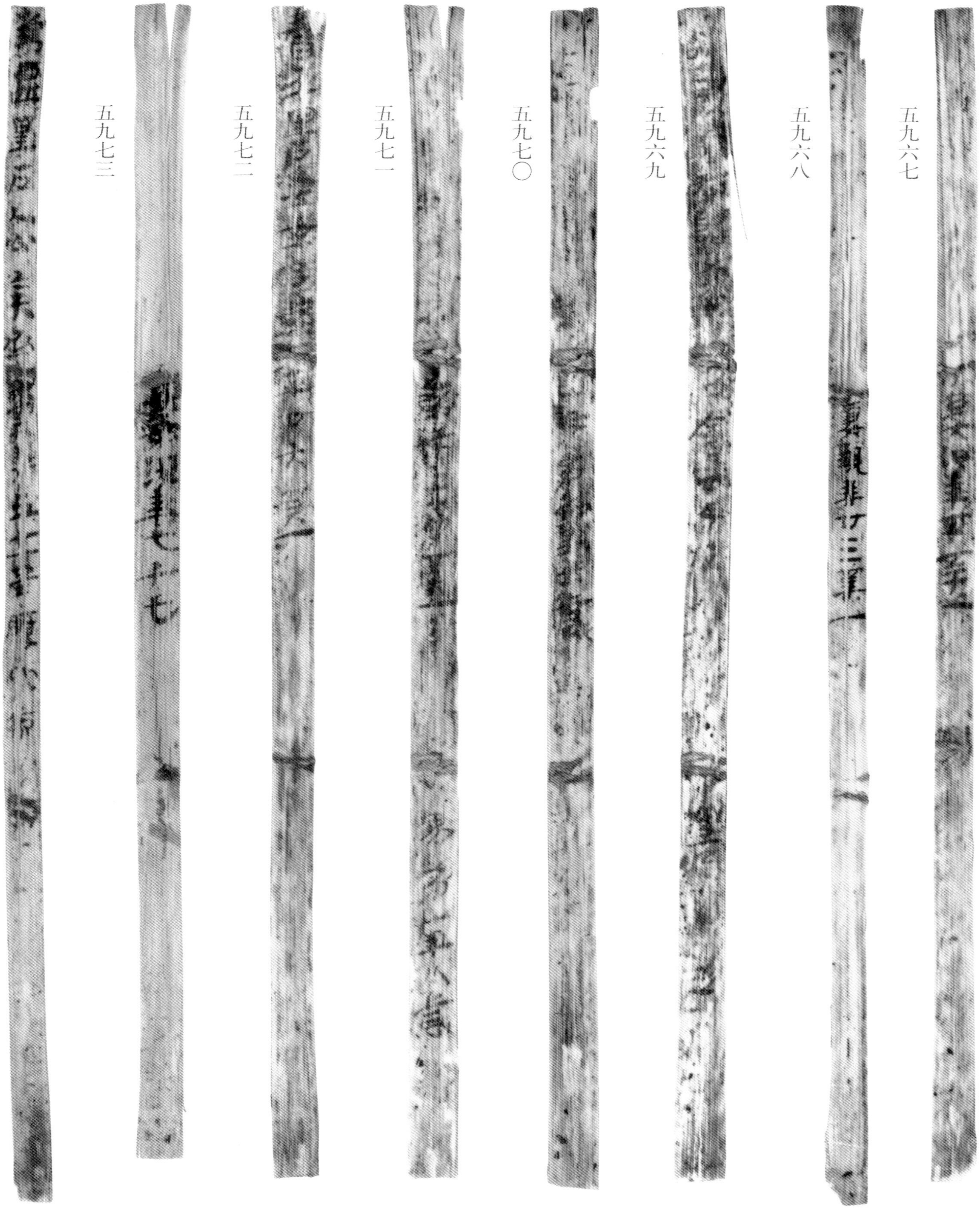

五九六七 五九六八 五九六九 五九七〇 五九七一 五九七二 五九七三 五九七四

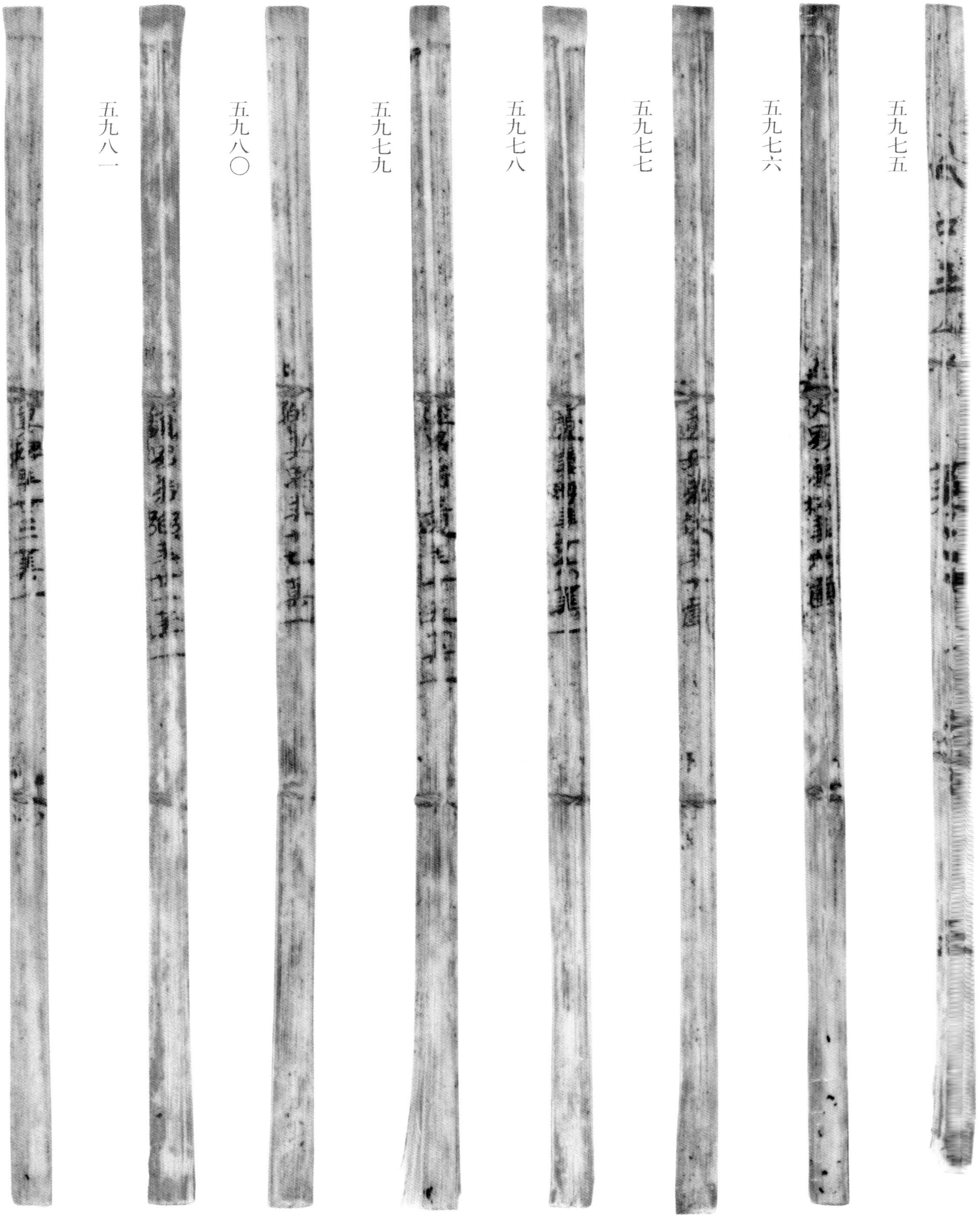

五九七五 五九七六 五九七七 五九七八 五九七九 五九八〇 五九八一 五九八二

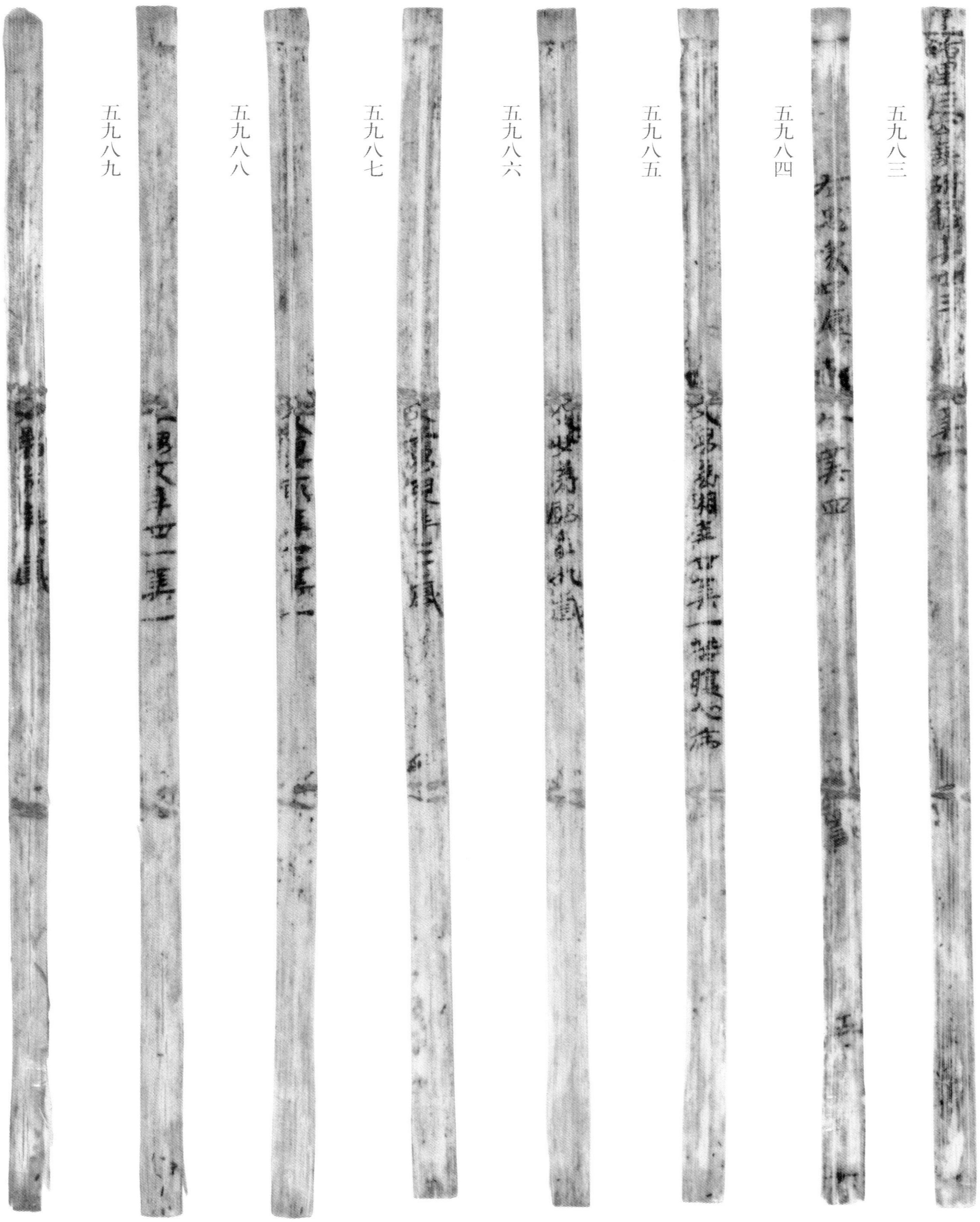

五九八三

五九八四

五九八五

五九八六

五九八七

五九八八

五九八九

五九九〇

五九九一
五九九二
五九九三
五九九四
五九九五
五九九六
五九九七
五九九八

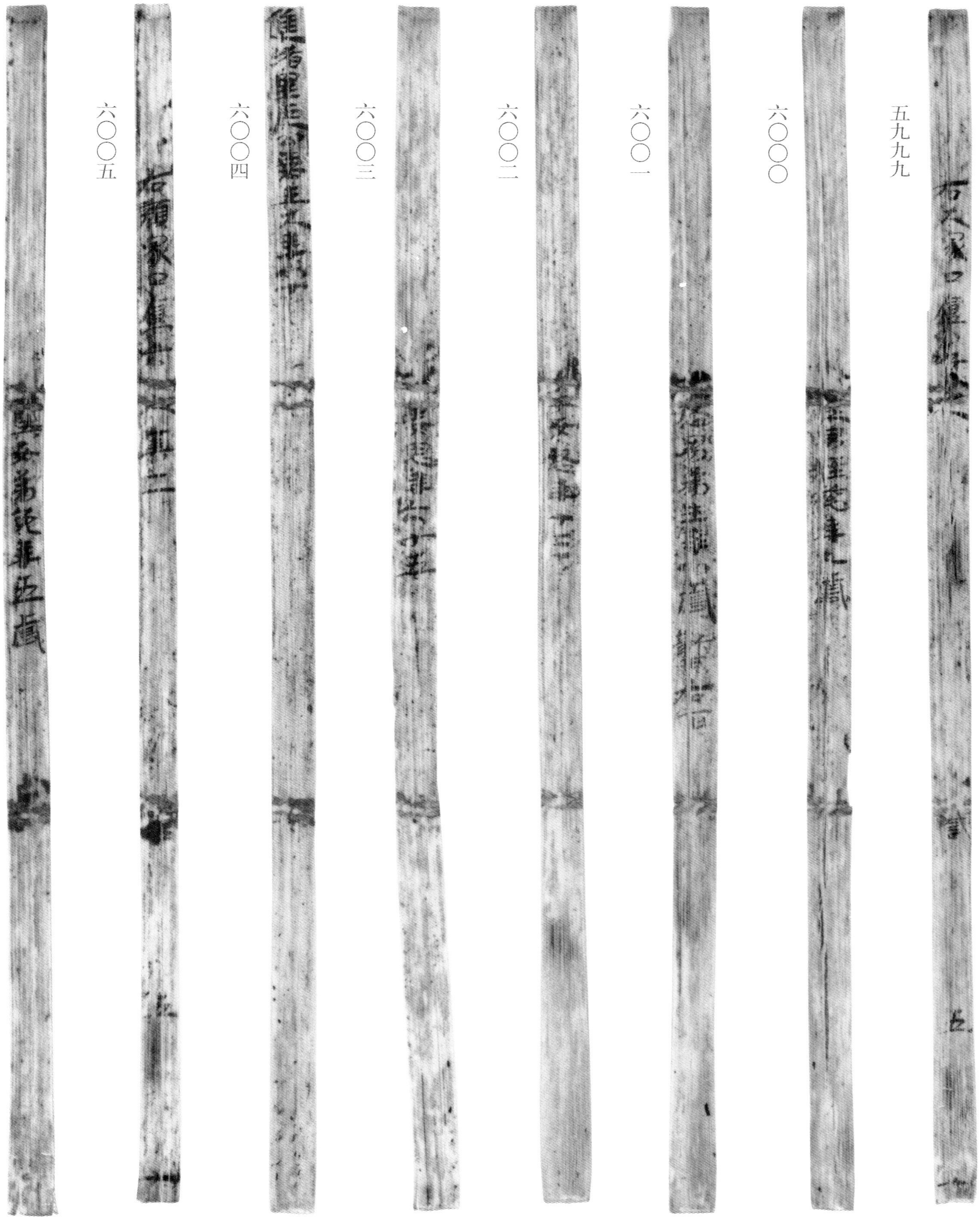

五九九九

六〇〇〇

六〇〇一

六〇〇二

六〇〇三

六〇〇四

六〇〇五

六〇〇六

六〇〇七

六〇〇八

六〇〇九

六〇一〇

六〇一一

六〇一二

六〇一三

六〇一四

六〇一五

六〇一六
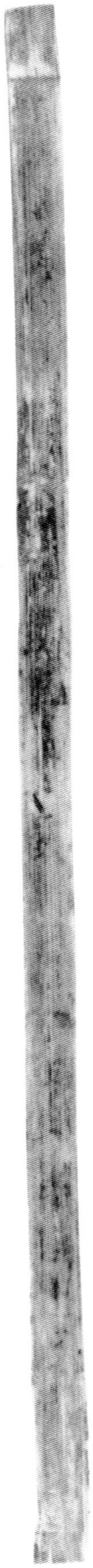

六〇一七
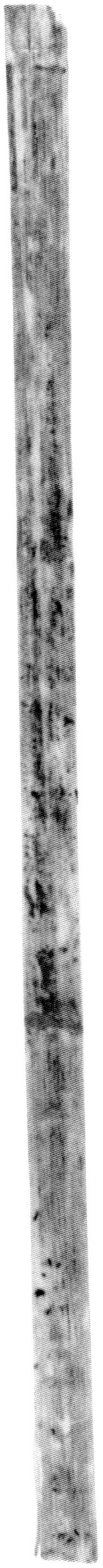

六〇一八
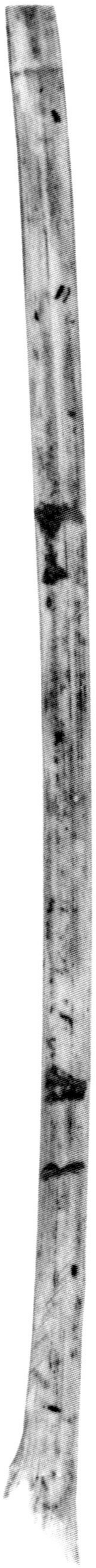

六〇一九
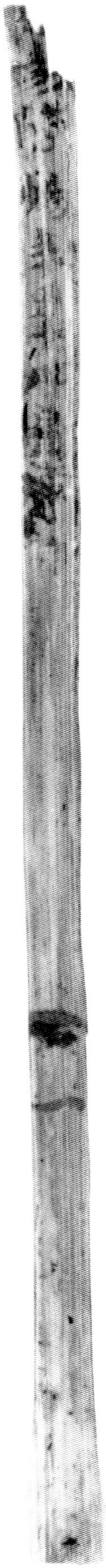

六〇二〇
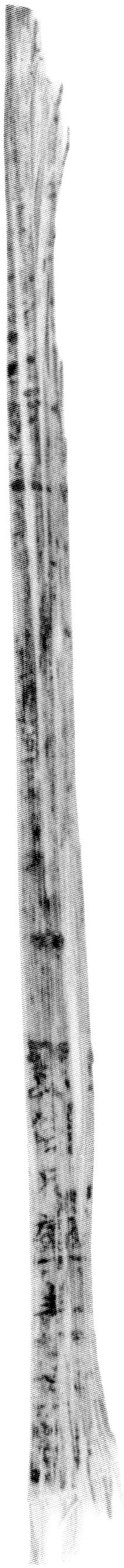

六〇二一
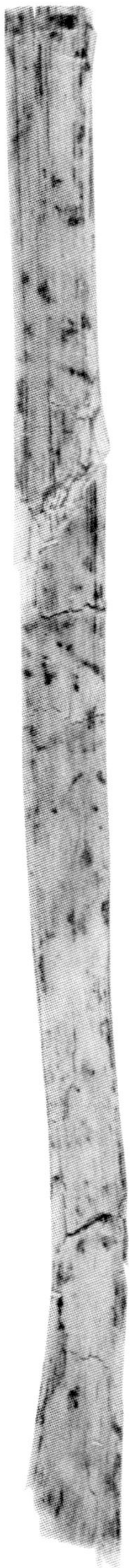

六〇二二
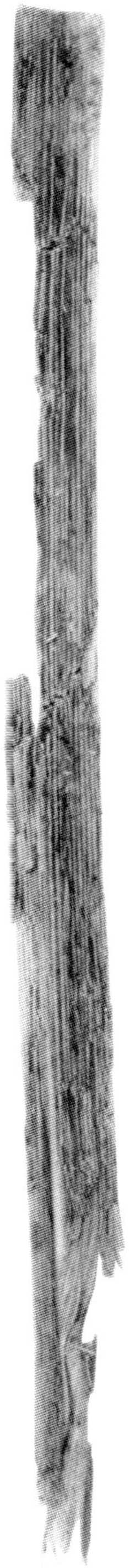

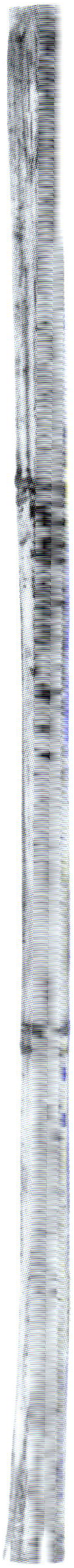
六〇二三

六〇二四

六〇二五

六〇二六

六〇二七

六〇二八

六〇二九

六〇三〇

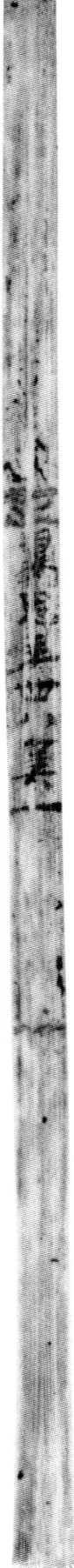

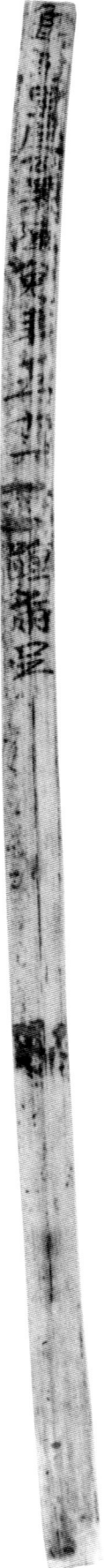

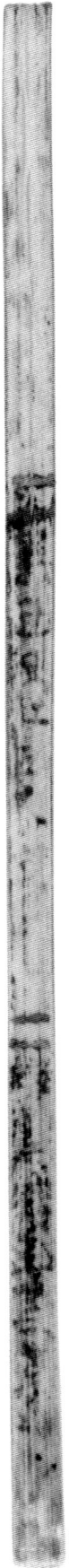

六〇三一
六〇三二
六〇三三
六〇三四
六〇三五
六〇三六
六〇三七
六〇三八

六〇三九

六〇四〇

六〇四一

六〇四二

六〇四三

六〇四四

六〇四五

六〇四六

六〇四七

六〇四八

六〇四九

六〇五〇

六〇五一

六〇五二

六〇五三

六〇五四

六〇五五

六〇五六

六〇五七

六〇五八

六〇五九

六〇六〇

六〇六一

六〇六二

六〇六三

六〇六四

六〇六五

六〇六六

六〇六七

六〇六八

六〇六九

六〇七〇

六〇七一
六〇七二
六〇七三
六〇七四
六〇七五
六〇七六
六〇七七
六〇七八

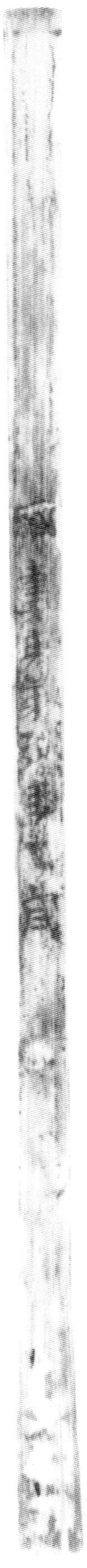

六〇七九

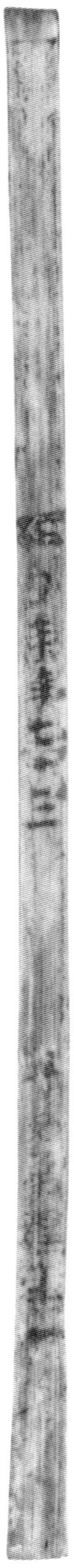

六〇八〇

六〇八一

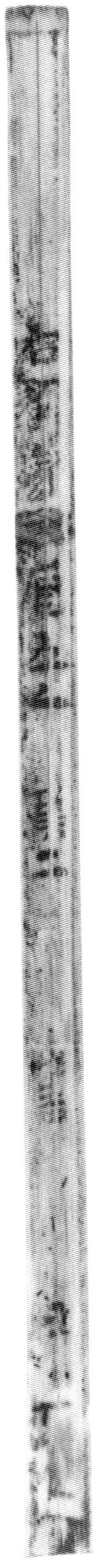

六〇八二

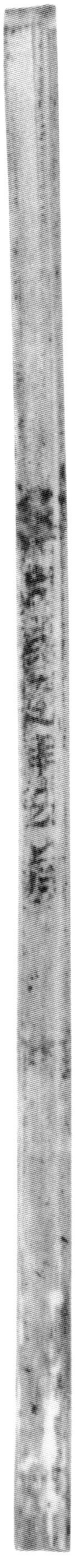

六〇八三

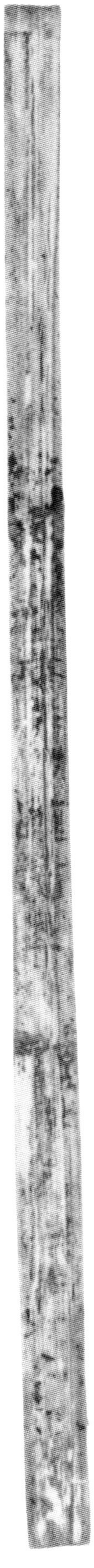

六〇八四

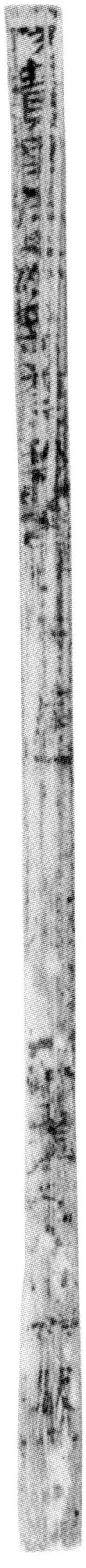

六〇八五

六〇八六

六〇八七

六〇八八

六〇八九

六〇九〇

六〇九一

六〇九二

六〇九三

六〇九四

六〇九五　六〇九六　六〇九七　六〇九八　六〇九九　六一〇〇　六一〇一　六一〇二

六一〇三

六一〇四

六一〇五

六一〇六

六一〇七

六一〇八

六一〇九

六一一〇

六二一一

六二一二

六二一三

六二一四

六二一五

六二一六

六二一七

六二一八

六二一九 六二二〇 六二二一 六二二二 六二二三 六二二四 六二二五 六二二六

六一二七

六一二八

六一二九

六一三〇

六一三一

六一三二

六一三三

六一三四

六一三五

六一三六

六一三七

六一三八

六一三九

六一四〇

六一四一

六一四二

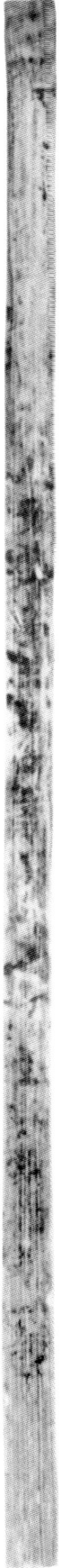

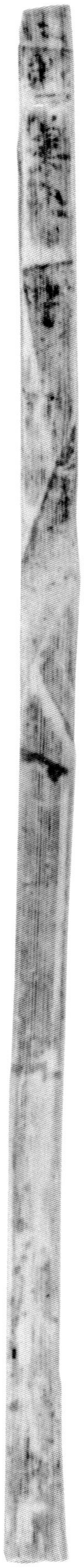
六一四三

六一四四

六一四五

六一四六

六一四七

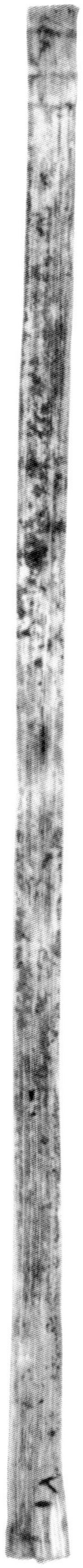
六一四八

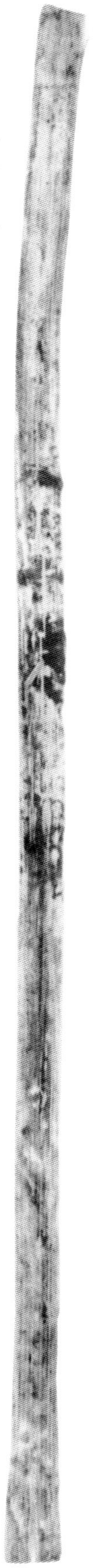
六一四九

六一五〇

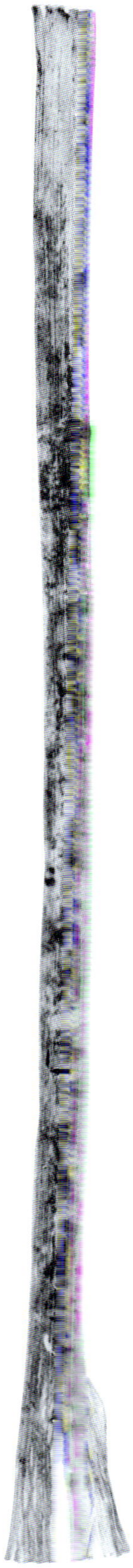

六一五一

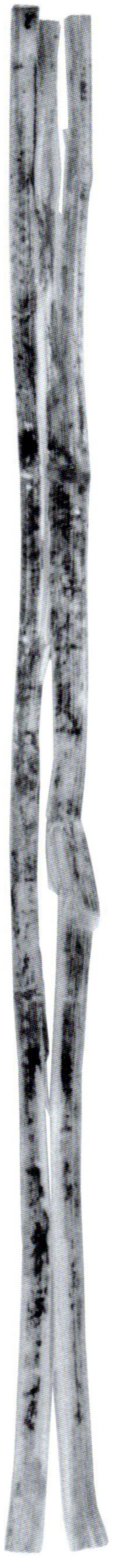

六一五二

六一五三